マッキンゼーで学んだ

時間の使い方
がうまい人の

一瞬で集中する方法

大嶋祥誉

PHP

はじめに

マッキンゼーの同僚が教えてくれたアンサー

きっとこの本を開いてくださった方は、残業続きでなかなか家に帰れない日々を、なんとか抜け出したくて手に取ってくださったのではないでしょうか。「マッキンゼーと書いてあるし、きっとすごい方法が載っているに違いない」と思われたのかもしれません。

心苦しいお知らせなのですが、私がまるっと1冊使ってご提案するのは「集中はしなくていい」ということです。何を言っているかわからないと思いますが、私がマッキンゼーと一流企業の方々を見て、そして実践して導き出したアンサーです。

能力が高いから仕事ができているわけではない

今はデジタル化が進んで、20年ほど前より格段に仕事が楽になりました。

メールなら海外の人にも一瞬で届きますし、大きなデータもクラウドを介してやり取りができるので、運送する必要もありません。

打ち合わせもオンラインで顔を見ながらできるので、移動時間もゼロになりました。

働き方改革の関連法案が施行されて早5年目。

それなのに、どうして私たちの自由時間は増えないのでしょう？

複数のプロジェクトの掛け持ち、数十人規模のメンバー調整、差し迫った期日……次から次へとやることがあふれていて、パンクしそうな人でいっぱいです。

マッキンゼーに勤めていたとき、先輩や上司は私の持っている仕事の何倍もの分量を抱えていました。私なら到底こなせず、音を上げてしまいそうな量です。

しかし彼らは淡々とこなしていき、定時になれば颯爽と帰っていきます。ときには残業をすることもありましたが、日本企業で問題になるように「毎日残業する」人はひとりもいませんでした。

パフォーマンスを上げるために見つけたスタイル

私も、マッキンゼーに入るまでは多くの人と同じように「仕事をこなさなきゃ」「集中しなきゃ」と焦っていたこともありました。

そして、マッキンゼーに入り、根本的に仕事の仕方を習得しないとダメだと自覚するほど、レベルの高い同僚たちと一緒に仕事をしたことで、考え方が大きく変わりました。

さらに、今はchatGPTやAIの台頭によって、私たちの仕事の価値が再評価され始めました。これまでやっていた仕事がなくなったり賃金がこれ以上上がらなくなる、ということが今後起こらないとは言い切れません。

「受け持った仕事をきちんと遂行する」を超えて、「自分にしかできない仕事をする」という、さらにレベルの高いパフォーマンスを求められているのです。

このように、社会のニーズは変化しつつありますが、今私がやっていることは、マッキンゼーや一流の企業で当時習得したルーティンから、大きな変化はありません。

そして、不思議なことに、どれも簡単なことばかりなのです。

それはなぜなのか。

先に種明かしをしてしまうと、「集中モードに入るスタイルを見つける」だけだからです。それは、日々のルーティンだったり儀式めいたことだったり、いろいろあるでしょう。これからさまざまな集中の仕方をご紹介しますが、数が多すぎて全部はできないと困ってしまったり「試したことはあるけれど、これは意味がなかった」という方法があるかもしれません。

それでいいのです。大切なのは「あなたに合うスタイルを見つける」こと。

期待してもらえるほど難しいことはしていないのですが、マッキンゼーやその後入社した企業の同僚たちの仕事のやり方も紹介しながら、私が、そして彼らがどのようにして集中しているのかをお伝えできればと思います。

あなたなりの集中モードへの入り方を見つける一端を、この本が担えれば幸いです。

大嶋祥誉

CONTENTS

第2章

あなたが集中できない5つの理由

判断量の多さ・即レスの呪縛・情報の魔力・隠れ疲労・根本的な理由

CONTENTS

第3章

AI時代に変わった「集中」の定義

人間に求められる新しいスキル

CONTENTS

第5章 大嶋流「集中」のすごい仕組み 1日の過ごし方編

朝・昼・夜のルーティンを持つ

第1章

集中できないことを受け入れる

現代人が抱える
「集中を阻むもの」と「思考」

集中力の低下は、私たちの怠惰だけの問題じゃない

☑「政治家の話に聞き入る聴衆」への違和感

先日、テレビ番組を観ていて、はっとしたことがあります。

その番組では、「偉人の名スピーチ」を特集していて、私がテレビをつけたときは、田中角栄（たなかかくえい）元首相の街頭演説の映像が流れていました。

演説の達人として知られる田中角栄氏のスピーチは力強さの中にユーモアがあり、「角栄節」として知られています。

でも、そのとき私が気になったのは、その名演説の内容ではなく、それを聞いている街頭の人たちの様子でした。彼ら彼女らは微動だにせず、食い入るようにずっと、話し

手である田中角栄氏を見つめていたのです。

その瞬間に私の頭をよぎったのは、**「この人たちのものすごい集中力は、なんなのだろうか」**という疑問でした。

そして、**「現代に生きる私たちはもはや、あれだけの集中力を持ちえていないのではないか。**当時の人たちのように、長い間、じっと人の話を聞くことは不可能なのではないか……」という仮説を立てました。

☑ 現代人を解放してくれないもの

もし今、街中に田中角栄氏並みの迫力を持った政治家が現れて、演説を始めたとしたら、あなたはどうするでしょうか。

立ち止まり、その名演説にしばし、聞き惚れるかもしれません。

しかし、おそらくは数分もすると、チャットやＬＩＮＥの通知が気になってスマホを見たり、「この人ってどんな人なんだっけ？」とウェブで検索してみたりするのではないでしょうか。

あるいはスマホで写真を撮ってSNSにアップしようとするかもしれません。あるいは、突然の電話に気づいて、その場をそそくさと後にするかもしれません。

いくら演説が興味深いものだったとしても、立ちながらじっと話を聞いていられるのは、せいぜい数分というところではないでしょうか。

それに対して、テレビの中の田中角栄氏の演説を聞いている人たちは、微動だにせず彼のほうを向き、その演説に耳を傾けているのです。

もちろん、あくまで映像で見ただけですから、その後ろには適当に聞き流している人もいたかもしれません。

田中角栄氏の演説が巧みだということも、もちろんあるでしょう。でも、それを差し引いて考えても、当時の人たちはよほど、今の我々よりも集中力、あるいは忍耐力を持っていたように思います。

短い空き時間の暇つぶしにすること

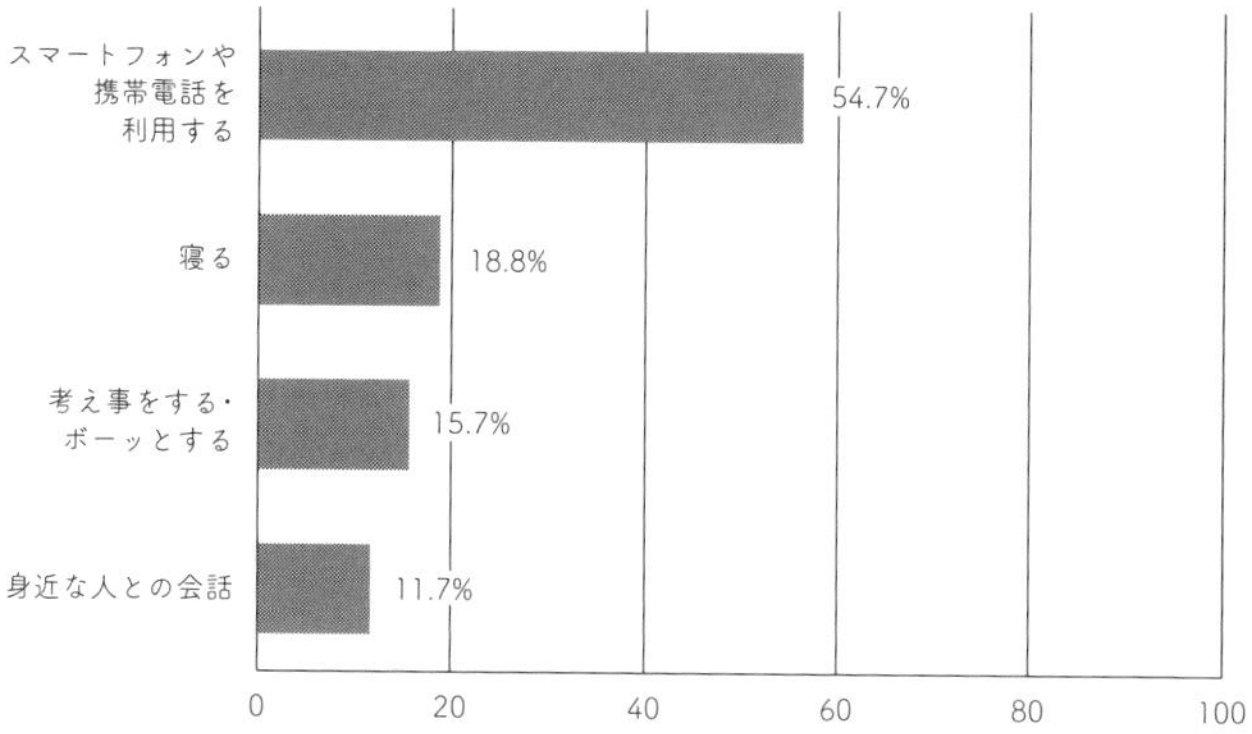

出典:マイボイスコムによるアンケートデータベース 暇つぶしに関するアンケート調査(2021年)を元に作成

私たちは集中力がなくなった?

これだけ見ると、やはり現代の我々は以前に比べて「集中力」を失ってしまっているように思います。かつてのような集中力を取り戻すことができれば、仕事もプライベートも、よほどはかどるようになるかもしれません。

ただ、私が申しあげたいのは別のことです。

それは、**「現代人は集中力がなくなったのではない。そもそも、集中できなくて当然なのだ」**ということです。

その一番の理由は「スマホ」です。

スマホを持っていない当時の人たちは、演説がちょっと中だるみしても、他にやることがないから聞き続けるしかありません。でも、今なら携帯をさっと取り出して新しい

情報通信機器の保有状況

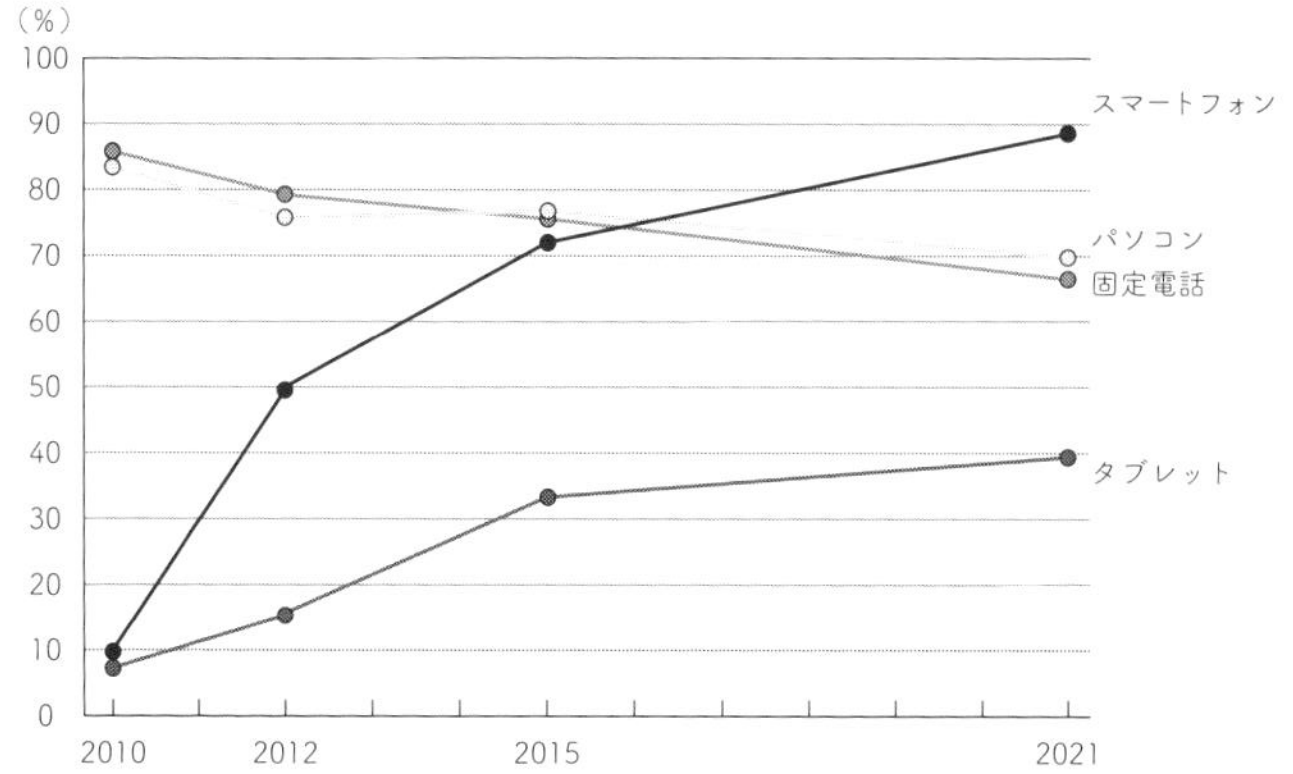

出典：総務省 情報通信白書「総論」（2022年）を元に作成

ニュースがないかを見てみたり、ＳＮＳに「この演説つまらない」などと書き込むことも可能。スキマ時間を利用してゲームをやることさえ可能です。

そして、演説中だろうがお構いなく、チャットやメール、着信はどんどん入ってきます。このような中で集中して何かをし続けることは、極めて困難です。

そう、**以前は「他にやることがない」から、集中して話を聞くことができた。**現代人は昔の人に比べて集中力が落ちたのではなく、そもそも集中できない環境に置かれているから集中できない、ということなのです。

仕事においては、スマホに加えて「パソコン」の普及もまた、私たちの集中力を奪っています。パソコンがない時代には、職場のデスクでおおっぴらにサボるのは気が引けたものです。しかし、今では仕事中であってもパソコンで最新ニュースをチェックすることもできるし、こっそりゲームをすることすら可能です。

加えて、昨今のコロナ禍です。在宅勤務が増え、監視の目がなくなったことで、ますます「なんでもできる」状況になりました。リモート会議中にニュースサイトを見たりするようなことはもちろん、「少しだけ」と思って仕事中にゲームをやっていたらいつの間にか数時間が経っていた、などという人もいることでしょう。

☑ 情報の多さが生み出す悪循環

とにかく今の**我々をとりまく世界は「情報」が多すぎる**のです。しかも、その情報が簡単に手に入る。人間は知的好奇心を持つ生き物ですから、知ることができるのなら知りたいと思うのは当然です。ネットで調べ物をしていて、ついつい関係のない情報まで調べているうちに数時間経っていた、ということもざらです。

それだけでなく、知りたくない情報すらネットニュースやSNSによってどんどん入ってきます。

そしてこの「情報過多」は、別の問題も引き起こします。それは「疲れ」です。大量の情報にさらされることで、頭はもちろん、特に「目」が疲労します。

リモートワークで身体はそれほど疲れないはずなのに、なぜか疲労が取れない。それはひょっとすると情報過多による「頭」と「目」の疲れかもしれません。

こうした疲れは身体の疲れに比べて自覚しにくいため、疲れているのに刺激を求めて、常時オンライン接続の状態で情報の波間を漂い、また疲れる……そんな負のサイクルを繰り返している現代人が、集中できるわけがないのです。

「集中しなければいけない」という強迫観念が集中力を奪う

☑ 集中は長時間できるほうがいい！　という思い込み

では、そんな時代に私たちが「集中力」を取り戻すには、どうすればよいのか――。

これが本書のテーマであり、集中力をアップさせて、仕事をサクサクこなせるようになるノウハウを、私の実体験をベースに、エビデンスも踏まえながらお話ししていきます。

ただ、その前にぜひお伝えしておきたいことがあります。それは、

「今は、集中できなくて当たり前の時代。ですから、集中できないことに罪悪感を覚え

る必要はありません」

というメッセージです。

先述したように、ひと昔、ふた昔前の人たちに比べ、圧倒的に集中力を妨げる要素が多い時代を生きる私たちには、もはや長時間集中することは不可能です。

では、その最大の要因であるパソコンやスマホを使わなければいいのでは、という話になります。いわゆる「デジタル断捨離」ですね。

それは一つの有効な手段だと思いますが、でも、果たして現実的な選択肢でしょうか。

「スマホは絶対に見ない！」と決意して電源を切ったとしても、「ひょっとしたら緊急の連絡が入っているかも」「あのニュース、どうなったかな？」などと、かえって気になって集中できなくなってしまうのではないでしょうか。

つまり、私が言いたいのは**「長時間集中できない！」ことに罪悪感を覚え、「もっと集中しなくては」などと思う必要はない、**ということです。

みなさんも経験があると思いますが、「集中できない！」という罪悪感は、さらに自分の集中力を妨げてしまいます。「焦燥感(しょうそう)」といってもいいかもしれません。「集中しなければ、集中しなければ」と焦るばかりで時間だけが過ぎていく……。学生時代、「テスト勉強をしなければ」と机に向かうも集中できず、ついマンガに手を伸ばしてしまって時間ばかりが過ぎていき、さらに焦って何もできなくなる……そんな経験を思い出した方もいるはずです。

そう、**「集中しなければ！」という思いこそが、あなたの集中を妨げているのです。「集中できなくて、当たり前」と思う**こと。それが、本書の「集中」のスタートです。

☑「集中」の定義を変えよう

かといって、集中しなくていいと言っているわけではありません。

誰もが集中できなくなっている以上、集中が差別化のためのコアスキルであることは、まぎれもない事実です。

ただ、「集中」というものの定義を変えてほしいのです。

たとえば、「集中している状態」を、あなたならどのようにイメージしますか？

- 明日のプレゼン資料を作成するために、別室にこもって一心不乱にパワポを操作する
- 『さぁ、今日は徹底的に議論するぞ！』と、メンバーと合宿所にこもって一晩中休みなく議論する
- 情報を得るために、山積みになった本を一日かけて一気にまとめて読破する

このようなイメージが浮かんだとしたら、今すぐその考えを捨ててください。

おそらく、多くの人が思い浮かべる集中というものは、このように「『集中するぞ！』と決意し、どこか邪魔されない場所にこもり、1時間なり2時間なり、あるいは半日くらいかけ、一心不乱にそれを行う」ということだと思います。

でも、それが実際には今の時代、難しいのは前述のとおりです。

そもそも、**「長時間集中し続けることは、人間にとって自然なことではない」**のです。

「人間の集中力はどれだけ保てるのか」についてはさまざまな研究やデータがありますが、多くのデータは「人間の集中力は、それほど長くは続かない」ことを示しています。

私が一番しっくりきているのは、**「集中できるのは、長くても10～15分」**というデータです。私もそうですが、10分も同じ作業をしていると、いつのまにか別のことが頭に浮かんできたり、つい身体を動かしたくなってきたりします。以前は私もそんなときに「集中しなければ」と思ったものですが、今では集中力が切れたサインだとわかっていますので、ここで5分くらい休みを入れます。

それでも、特に仕事に支障は出ていません。コンサルティング業や執筆業を行いながら、企業の人事改革プロジェクトに携わったり、各種セミナーで講師を務めたりと、複数の仕事を無理なくこなすことができています。

だから皆さんも、「ああ、また集中できなかった」「仕事に集中しようにも10分が限界だ」と嘆いて、自分を責める必要はありません。

☑「集中しない集中」とは？

本書で提唱するのは、「一カ所に閉じこもって一心不乱に何かに打ち込む」というタイプの集中ではありません。むしろ真逆です。それは**「ちょっと集中してちょっと休む、集中しない集中」**です。

大事なのは、その**集中できる10分あるいは15分をフルに使って集中すること**。そして、集中できなくなったら休むこと。いわば**「細切れの集中」**です。

集中できる時間には個人差がありますが、私の周りにいる多くの大学教授やビジネス界で活躍する人たちは、この「細切れの集中」を非常にうまく活用しています。

たとえば、明治大学文学部教授の齋藤孝氏は、ストップウォッチで秒単位で時間を計りながら、打ち合わせをなどの仕事をこなすそうです。こうすることで、いたずらに長引く会議などを避けられます。

ミドルマネージャークラスの人からよく聞く悩みとして、「集中して仕事をしたいのに、部下からしょっちゅう連絡が入って集中できない」というものがあります。

子育て中の人から、「子供の世話に忙しく、集中するためのまとまった時間が取れない」という話もしばしば聞きます。

でも、それでいいのです。**「集中するためにまとまった時間を取る」、そして「頑張って長時間、集中状態を保つ」という発想を捨てて**しまいましょう。それがむしろ、あなたの集中力を奪ってしまっているのです。

第１章のまとめ

- ☑ スマホは「やることがないとき」「集中力」が途切れたときに入り込んでくるもの
- ☑ パソコンやスマホは、通知によって私たちの集中を断ち切るもの
- ☑ インターネットによって容易に検索ができるので、いつでも知りたいことが知れるようになり情報があふれかえっている
- ☑ 「集中しなければ」と意識しすぎてしまうことで、集中ができなくなっている
- ☑ 人は長時間集中できる生き物ではない

第 2 章

あなたが集中できない5つの理由

判断量の多さ・即レスの呪縛・
情報の魔力・隠れ疲労・根本的な理由

1 「判断量の多さ」
——現代は、決めることが多すぎる

第1章では、「集中できなくて当たり前の時代になった」ことをお伝えしました。では、あなたの集中を妨げているものは何でしょうか。

その象徴が「スマホ」ではあるのですが、その他にもあなたの集中を妨げるものは数多くあります。それを完全に排除することはできなくても、それを「意識」するだけでも、あなたの集中力は高まるはずです。

また、それでも「集中できないのは、自分のせいだ……」という気持ちを拭いきれずにいる方もいるかもしれません。しかし、その気持ちを持ったままでは集中することもできません。

そこでここでは、さまざまな角度から、「集中できない理由」を論じてみたいと思います。

☑ 自由が多いと、人は悩む

人の行動というものは、すべて「判断」です。朝起きて最初に何をするか、どんな服を着るか、昼食に何を食べるか……。

仕事ももちろん、判断の連続であることは言うまでもないでしょう。Ａというプランを採用するか、Ｂというプランを採用するか。どの顧客に優先的に案内をするか。オンラインマーケティングを行うか、それとも店頭での販売を強化するか……。

しかし、人間が１日にできる判断の量には限界があるということをご存じでしょうか。

脳神経外科医である、築山節（つきやまたかし）先生は、著書（『脳神経外科医が教える！「疲れない脳」のつくり方』（ＰＨＰ研究所）で次のように仰っています。

> 人が1日に持てる総量は7トン（7000㎏）程度だといわれています。ですから、どんな立派な肉体の持ち主でも、これ以上の量の仕事をすると、筋肉の疲労蓄積が起こり、たとえばつらい腰痛が発生してしまうことになります。（中略）
>
> 肉体的な仕事に限界量があるように、精神的な仕事にも当然、限界量というものがあります。（中略）
>
> 今日の仕事は解決するかもしれないが、その影響は明日まで残ってしまう。その結果、明日の仕事の全体量にその影響分が追加されてしまう。

つまり、その判断できる限度を超えてしまうと、判断力が著しく落ちてしまう。いわば**「判断に集中できない」状態**になってしまうのです。「夕方になると集中力が落ちる」という状態は、この判断力の枯渇（こかつ）によるところも大きいと思われます。

現代人はこの「判断」の量が極めて増えています。その理由は生活が豊かになったことであり、便利になったこと。そのため選択肢が増え、判断する場面が増えたということです。

1日に行う「判断」の数とその方法

■1日に行う「判断」の数

大人は35,000件／子どもは3,000件

■「判断」する事柄の例

・何を食べるか　・服薬　・購入するもの
・私たちが信じていること　・誰と過ごすか
・何をどう言うか　・何を食べるか　など

■「判断」するときの基準

選択は複合的な基準によって決められ、人によってさまざまです

・**衝動性**：与えられた最初の選択肢を活用し、それで終わりにする
・**コンプライアンス**：影響を受ける人々にとって最も快適で人気のあるオプションを選択する
・**委任**：有能で信頼できる他の人に意思決定を任せる
・**回避／偏向**：影響に対する責任を回避するために、または単に圧倒されるのを防ぐために、できるだけ多くの決定を無視するかのいずれか
・**バランスをとる**：関係する要因を比較検討し、それらを使用してその瞬間に最善の決定を下す
・**優先順位付けと振り返り**：最も大きな影響を与える決定に最もエネルギー、思考、労力を注ぐこと……そして、他の人に相談したり、文脈を考慮したりして、それらの決定を下すための時間を最大化する

出典：ロバーツウェズリアン大学
（https://go.roberts.edu/leadingedge/the-great-choices-of-strategic-leaders）

食を例に挙げてみましょう。

おそらく、江戸時代の農家の人は毎日同じようなものを食べていたはずです。一方、今ではスーパーに大量の食材が並び、あらゆる料理を作ることができます。自分で作らなくても、外食にする、宅配を頼む、総菜を買って帰るなど、無数の選択肢があります。

間違いなく現在のほうが便利になっているのですが、こと「判断する」という側面だけ見れば、明らかに現在のほうが判断する回数が増えているのです。「今日の献立をどうしようか」を考えることが大きなストレスになってしまっているという話はよく聞きますが、これは選択肢が無数にあるからこその悩みだともいえます。

☑ 自由は一瞬にしてならず

これは仕事も同様です。

毎日同じ時間に出社して、与えられた仕事をして、定時に帰る……という仕事は確実に減っています。多くの職場では「与えられた仕事をこなす」から、「目的を果たすために、その方法を自分で考える」にシフトしています。

いわゆる昭和の営業のエピソードとして、「上司から顧客リストを渡されて、上から順にひたすら電話をかけさせられた」というものがあります。大変だなぁと思いますが、「判断」という側面から見れば、何も判断する必要はありません。

一方、現在の営業には無数の選択肢があります。そもそも顧客リストをどのように入手するか、連絡は電話がいいかメールがいいかチャットがいいか、商談はリアルかリモートか、など。判断量は確実に増えています。

同時に、フレックス制やリモートワークの発展により、「何時に出社するか」「そもそも出社するか、在宅にするか」まで、自分で決めなくてはなりません。

生活や仕事における自由度が増えたということは、言い方を変えれば「すべてを自分で判断しなくてはならなくなった」ということでもあります。

ここでちょっと、あなたの10年前、20年前の生活を振り返ってみてください。判断する回数がびっくりするほど増えているのではないでしょうか。

それが知らず知らずのうちにあなたの集中力を妨げているかもしれないのです。

☑ 判断力を維持するための2つの方法

しかし残念ながら、どんなに努力したところで、1日に判断できる量を増やすことは難しいのが現実です。人間の脳の構造は、そう簡単には変わりません。

だとしたら、できることは2つです。

一つは、

「集中力＝判断力が落ちてきたと感じたら、『今日、判断できる量は使い切ってしまったので、これ以上がんばっても意味がない。集中できるわけがない』と割り切って、とっとと仕事をやめてしまうこと」

です。

私が働いていた世界的なコンサルティングファームであるマッキンゼーのプロフェッショナルは、まさにこのような働き方をしている人が多いと感じていました。無駄に残業することなく、「今日はここまで」と判断したらとっとと帰ってしまう。自分の「集中力のキャパ」を把握していたのだと思います。

ただ、これはほぼ完全に仕事の裁量を与えられていたコンサルタントだからこそできることでもあります。

☑ 朝イチのメールチェックに潜む「落とし穴」

自分の仕事を完全にコントロールするのが難しい人には、もう一つの方法である、

「判断する量を限りなく減らすこと」

がおすすめです。

その具体的な方法については後述しますが、ここでは一つだけ、ぜひやってもらいた

いことをご紹介しましょう。

それは、**「朝イチのメールチェックをやめる」**ということです。

メール処理というのは気楽な仕事に思えるかもしれませんが、実は大量の「判断」の連続です。一つひとつのメールに目を通し、「このメールにはすぐに返信すべき」「後回しにしてもいい」などと判断し、さらにどのような返信をするかも一つひとつ判断しなくてはなりません。それぞれは小さな案件でも、それはあなたの判断力のキャパシティを確実に奪っていきます。

仮に100件のメールが入っていたとしたら、その対応だけで1日の判断量は確実になくなってしまうでしょう。

朝イチのメールチェックは意外と気持ちのいいものです。でも、それは当然で、朝は頭がすっきりして判断量もまだ余裕がある状態ですから、サクサク処理が進んでいくわけです。

マッキンゼーではよく「ブレックファースト・ミーティング」をやっていました。午前8時頃から約1時間、サンドイッチなど軽食を取りながらミーティングを行うのですが、とても集中しながら議論できたのをよく覚えています。朝のほうが集中力が高いということを、経験則として理解していたのだと思います。

そんな「判断力に余裕のある状態」を、メールチェックに費やしてしまうのはもったいない。もっと重要な仕事に生かすべきです。

とはいえ、「メールをまったく見ないわけにもいかない」という人が大半でしょう。そこで、朝イチで行う判断はあくまで**「どのメールを開くべきかを判断する」**ということにするといいと思います。

大量のメールのうち、どれを開くべきかだけを判断し、あとは放っておく。すっきりした頭で「あっ、これはすぐに対応したほうがいいな」「これは、午後でも大丈夫だな」という形で処理しながら、いま見るべきものだけを開くようにしましょう。これで、判断力の無駄な枯渇が避けられるはずです。

2「即レスの呪縛」
――チャット対応で半日が終わるという悲劇

私たちの集中を妨げるのは、メールだけではありません。むしろ、メール以上に厄介なのが、「チャット」です。

プライベートにおいても仕事においても、コミュニケーションの主流はすでに、メールからチャットに移りつつあります。プライベートではＬＩＮＥなどのチャットアプリ、会社ではスラックやチャットワークといったツールが当たり前のように利用されつつあります。非常に便利であり、私も活用しています。

しかし、このチャットが現代人の集中力を奪う大きな原因となっています。

原因の一つは、チャットがメールと比べて限りなくリアルタイムなコミュニケーションに近いこと。

こちらの都合にお構いなく、常に通知が鳴り響きます。ミュートにすればいいのですが、チャットはそもそもすぐに反応しないといけないような雰囲気がありますし、実際、相手もそれを求めてきます。メールなら1日くらいは放置していてもあまり気にされませんが、チャットだと1日はもちろん、1～2時間放置しただけでも「なぜ、この人は返事をくれないのか？」と訝(いぶか)しがられることがあります。

特にチャットによるコミュニケーションが当たり前である若い世代にとっては、チャットは「即レス」が基本です。

テーマごとに別々のチャットルームを作成する「スレッド」という機能も便利なのですが、複数のプロジェクトを抱えているとどんどんとスレッドが乱立し、どこでどんなやりとりが行われているのか自分でもわからなくなってしまうことも多々あります。

そしてチャットの処理に追われているうちに、気が付くともう夕方になっていた……そんな経験をしたことのある人もいると思います。これは日本だけでなく、世界中で起きていることのようです。

いうまでもなく、チャットも「判断」です。こうして現代人は**細切れの大量の判断を**

迫られ、**判断力のキャパシティを浪費し、集中力を失ってしまっている**のです。

☑ 疲れない簡単な方法

チャットについても、メールの際に紹介した「優先順位をつける」という方法は有効です。つまり、「どのチャットに応えようか」だけ判断し、それ以外は保留することで、判断の数を減らすのです。

もう一つのポイントとしては、**「リアルに対応する」**です。

チャットによるコミュニケーションは、なかなか1回では終わらないもの。

「AとB、どちらがいいですか?」
「Bのほうがいいと思います」
「でも、Bにはこういう懸念がありませんか?」
「確かに懸念はありますが、Aにも同じ懸念があると思います」

「でもAにはほかにも懸念があります」
「どんな懸念ですか？」

このように延々とチャットが続いていくことになるわけですが、チャットのたびにあなたは「判断」をすることになるわけです。

だったらもう、直接話しかけるなり電話するなりして解決したほうが早いし、「判断の総量」も少なくなるはずです。

ただ、私は最終的には**「即レスなどしなくていい」と割り切れるかどうか**、だと思います。

即レスをしないと嫌われる、と思われるかもしれません。でも、即レスをしなくては失われてしまうような人間関係を、一生、我慢して続けていく必要があるでしょうか。

仕事も同様です。それに、本当に即レスが求められるような案件なら、相手も電話するなり直接訪問してくるなりするはず。「それでいい」と割り切ることが大事です。

正直に言えば、私自身、メールやチャットのレスは早いほうではありません。でも、そうしていると「あの人はそれほどレスが早くないな」ということで、相手の期待度も下がります。また、余裕を持ったスケジュールで連絡をしてくれる機会も多くなっている気がします。

もちろん、即レスできるときには即レスすればいいでしょう。でも、「いつ何時(なんどき)も即レスしなければ」というプレッシャーは抱えないことが大事です。

3「情報の魔力」
――知れば知るほど知りたくなるが、わからなくなる

☑ なぜ、ゲイツもジョブズも子どもにスマホを持たせなかったのか

ここに、興味深い事実があります。

マイクロソフトの創業者であるビル・ゲイツ氏は、家庭内でのデジタル機器の使用を厳しく制限していました。我が子が14歳になるまで携帯を持つのを禁止し、その後も、夕食のときには取り上げていたそうです。

アップルの創業者のスティーブ・ジョブズ氏もまた、発売直後で世界的なブームになっていた「iPad」を、子どもたちに使わせていないとインタビューに答えています。（https://newspicks.com/news/2620935/body/）

インターネット及びスマホ時代を作った立役者である二人が、まるで自己否定をするようなことをしているのです。

それはいったい、なぜなのでしょうか。

ゲイツやジョブズの真意はわかりませんが、その理由の一つは「まだリテラシーが十分でないうちから、膨大な情報にさらすべきではない」ということなのではないかと推察しています。

そう、現代は明らかに「情報過多」なのです。

☑「情報過多」が邪魔するもの

現代人は「スマホ中毒」といっていいと思います。電車内では明らかに本を読む人よりもスマホを見ている人のほうが多く（新聞を読んでいる人はほぼ見かけなくなりました）、エレベーターに乗っているわずかな時間でも、信号待ちのちょっとした時間で

スマートフォン・携帯電話の利用時間

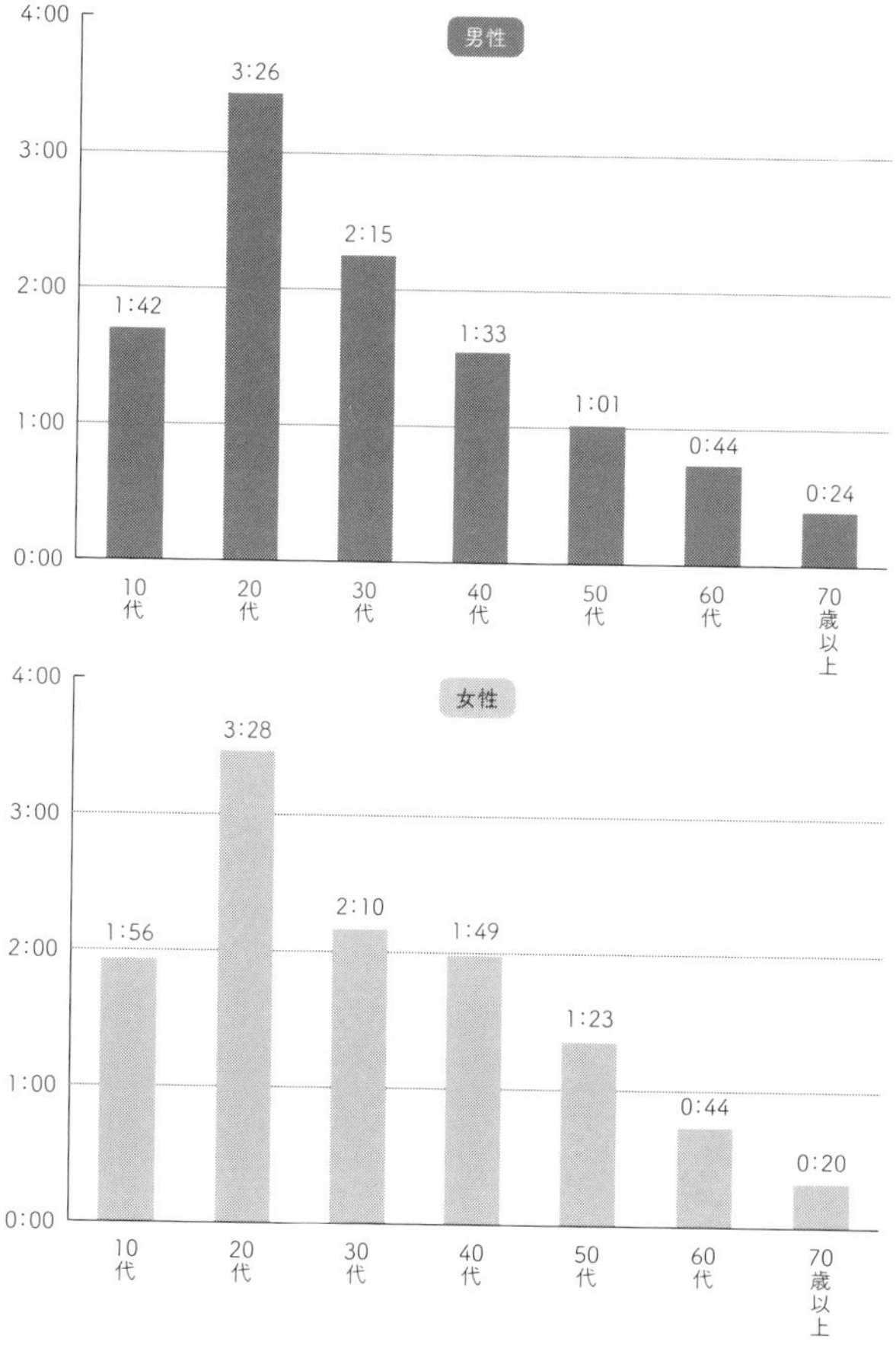

出典：ＮＨＫ放送文化研究所「スマートフォンの利用時間は、１日にどれくらい？」(2021年)を元に作成

も、少しでも時間があればほとんどの人がスマホをのぞいています。食事しながらスマホを見ている人も目立ちます。「歩きスマホ」が社会問題になっているのはご存じのとおりです。

我々はスマホの普及により、いつでもどこでも大量の情報に簡単にアクセスできるようになりました。より正確に言えば、インターネットの登場により手に入る情報の量が飛躍的に増加し、スマホというデバイスによって、それをいつでもどこでも手にすることができるようになったのです。

そして、この情報量はさらに増え続けています。総務省のデータによれば、２０１９年11月のデータにおいて、我が国のブロードバンド契約者の総ダウンロードトラヒックは、1年間で15・３%増加しているそうです。また、シスコシステムズのデータによれば、これまで増加してきた月間のＩＰトラヒックは、２０２２年までに３９６エクサバイトに達し、２０１７年からの5年間で3倍に増加するものと予測されているそうです。

日本のブロードバンド契約者の総ダウンロードトラヒック

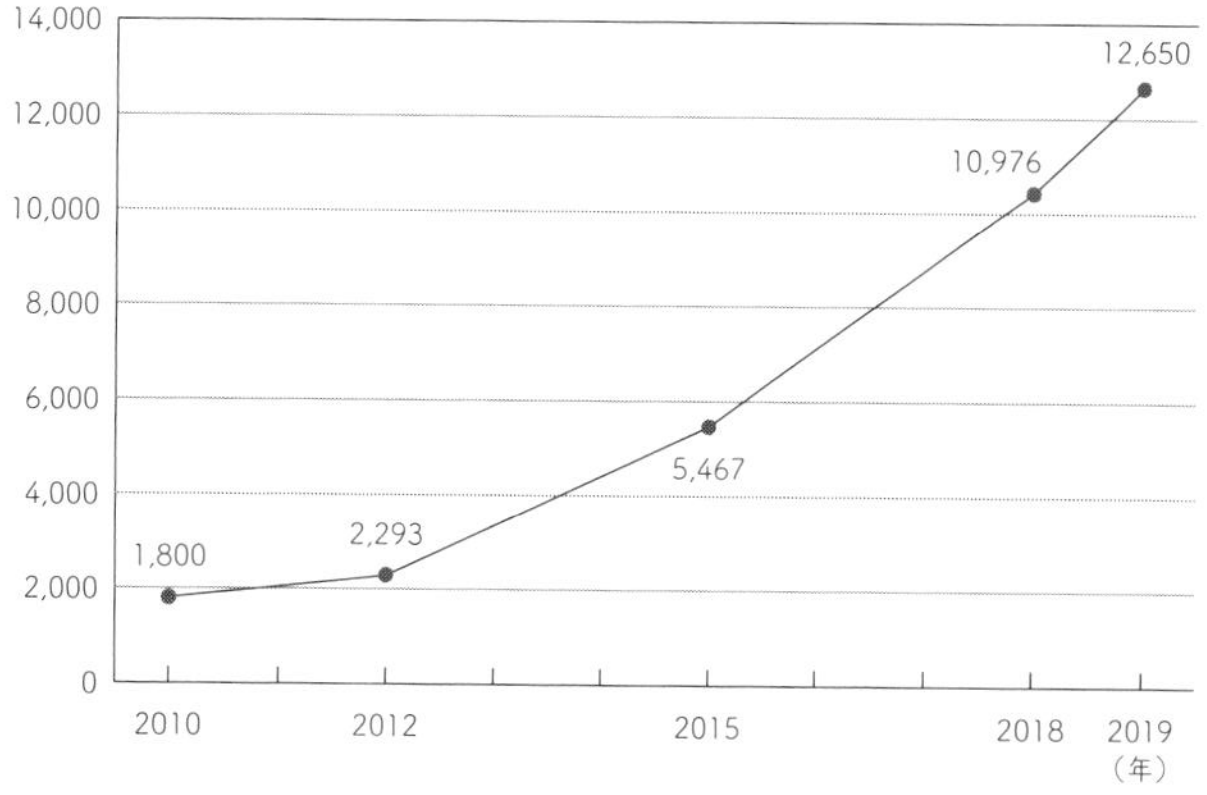

出典：総務省 情報通信白書「データ流通量の推移」(2020年)を元に作成

トラヒックの増加がそのまま情報量の増加とは言い切れませんが、情報量が加速度的に増えていることは紛れもない事実です。

情報というものの特徴は、「知れば知るほどもっと知りたくなる」ことです。私も以前はネットで何か記事を読んでいるうちに、芋づる式にほかの記事が気になりだして、気がついたら1時間以上経っていた……ということがよくありました。誰にでも同様の経験があるのではないでしょうか。

「情報が多くて何が悪い！」と考える人はいると思います。

しかし、実際には「情報過多」は大きな問題をはらんでいます。

そしてそれは、確実にあなたの**集中力を阻害している**のです。

☑ 人は選択肢が多いと、前に進めなくなる

なぜ、情報過多があなたの判断力を奪うのでしょうか。それを示す、コロンビア大学

で行われたある興味深い実験があります。

一つのチームは24種類のジャムを販売し、もう一つのチームは6種だけ用意して販売したそうです。その結果、どちらのチームのジャムがより多く売れたかといえば、選択肢の少ないほうだったというのです。しかも、**その差はなんと10倍！**

（https://www.youtube.com/watch?v=1pq5jnM1C-A）

私たちは、選択肢が多いほうが選択の幅が広がって、適切な選択ができると考えがちですが、実験結果を見る限りでは、むしろ選択肢が多いことが選択の足かせとなり、選び切れなかった人がたくさん出てしまったことがわかります。

この実験はマーケティングに大きな示唆を与えてくれます。多くの人は、なるべく商品のラインナップを増やすほうが顧客に支持されると考えますが、実は増やしすぎると顧客は選べなくなってしまう可能性があるということです。最近、メニューをあえて絞り込む「〇〇専門店」のような飲食店が増えているのも、そうした心理を利用したものでしょう。

この実験結果は、「集中力」という観点からも、大きな気づきを与えてくれます。つまり、**情報が多いと人は判断できなくなってしまう**。すなわち「集中力」は落ちてしまう、ということです。

☑ 選択肢の多さは意外なものを選ばせる

実はその典型的な例の一つが「転職」です。

昨今は雇用の流動化が促進され、転職が当たり前の時代になりつつあります。数多くの転職サイトや転職エージェントが存在し、気軽に利用できるようにもなっています。

転職を決意した人はそんなサイトに登録すれば、無数の求人情報が手に入るようになりました。1社だけでなく、複数の転職サイトやエージェントに登録し、より多くの情報を手に入れようとする人も増えています。

しかし、それが転職希望者をかえって悩ませてしまっているというのです。

「A社はまさに自分がやりたい仕事だ。でも、B社のほうが待遇がいい。勤務地という点ではC社も捨てがたい。うーん、決められない。もう少し考えてから決断しよう。そもそも、業界を広げて考えてみたほうがいいかもしれない」となって、また、「もっといい条件の会社があるのではないか、ここで決めたら損をするかもしれない」という思いも浮かんでしまい、結局、転職しないまま終わってしまうことが少なくないというのです。

これは、情報過多になってしまうことで身動きが取れなくなる典型的なケースです。

また、ランチやディナーのお店を選ぶ際も、さまざまなグルメサイトがある現代は情報量が多すぎて、結局出歩くのが億劫（おっくう）になっている人や、面倒になっていつものお店に行く人がたくさんいます。これもまた「情報過多の弊害」と言えるでしょう。

☑ 考える時間を失った現代人

実はこの情報過多の弊害については、コンサルティング業界では以前からずっと言われてきたことでした。

ボストン・コンサルティング・グループ元日本代表である内田和成（うちだかずなり）氏は著書『アウトプット思考』（PHP研究所）の中で、「網羅思考のワナ」という言葉で情報過多の弊害に警鐘を鳴らしています。

集めようと思えばいくらでも情報が集められる現代人は、限りある時間の9割を情報収集に使ってしまい、肝心の**「考える」「判断する」に十分な時間を割けない**、というのです。まさにそのとおりだと思います。

コンサルティング業界でよく知られている、「80％ルール」という言葉があります。

コンサルタントにとって情報収集は非常に重要な仕事ですが、いくら情報を集めたところで「絶対に正しい」という結論に到達することはまずありません。むしろ、情報を集めすぎるとそれがノイズになって、結論を出すことを阻害することすらあります。そこで、**「80％の確証が得られたらGOする」**というルールで、情報過多の弊害を防ぐようにしているのです。

現代人は常に大量の情報に接しています。しかし、それがあなたの気づかないところで集中力に影響を与えてしまっている可能性があるのです。

だからといって「パソコンを使わない」「スマホを使わない」というのは、現実的ではないでしょう。

しかし、少なくとも「細切れ時間にスマホを見ない」ということくらいなら、意識的に実践できるはずです。

それだけでも、集中力の回復には確実に効果が出るでしょう。

4「隠れ疲労」
――知らない間にあなたをむしばむ「疲れ」とは？

「情報過多」が集中力にとってマイナスとなる、もう一つの極めてシンプルな理由があります。それは、「疲れてしまうから」。

さまざまな情報を脳が処理しきれなくなる、ということもありますが、それよりも見逃せないのが「眼精疲労」です。

☑ スマホが奪う「睡眠」

２０１６年、北海学園大学教授の伊熊克己（いくまかつみ）氏はスマホによる眼精疲労やストレートネックが不安視されていた当時、学生がどのような健康状態にあるのかを調査し、発表しています。調査対象の学生のスマホ普及率は、98・5％だったそうです。

この「学生のスマートフォン使用状況と健康に関する調査研究」によると、1日のスマホ平均使用時間は「1〜3時間」が38・6%と最も多く、女子生徒においては「3〜5時間」が51・6%と群を抜いて高いことがわかっています。

彼らがスマホを使用していたのは、「就寝時、布団やベッドの中で」「自宅の自由時間」「大学の放課後」「大学の休み時間」「大学の講義受講中」「学校に出かけるまでの時間」「通学時」「アルバイトの最中」「帰宅後すぐに」など、社会人のスマホを利用するタイミングと大差はありません。

ここで注目したいのが、睡眠時間とその効果の体感の差です。睡眠時間は男女ともに「5〜8時間」が82%と十分な時間を睡眠に充てられているようですが、「夜眠りにつきにくい」と答えた学生は66・7%、「昼間起きていられない」と答えた学生は33・3%いることがわかりました。

長時間のスマホ使用による入眠の妨げや眼精疲労は、日中の集中力の低下を引き起こさないわけがありません。

また、体調が万全でなければ十分なパフォーマンスが発揮できないのは、どんなに能力の高いスポーツ選手でも同じでしょう。

2022年のFIFAワールドカップカタール大会、ベスト16まで勝ち進んだサッカー日本代表の久保建英(くぼたけふさ)選手はベスト8をかけたクロアチア戦、体調不良で出場を見送られました。出場したい気持ちはやまやまだったと思いますが、チームのことを考えれば出るわけにはいかない。久保選手はさぞや悔しかったことでしょう。

いわゆるホワイトカラーと呼ばれる人たちは、仕事において手足を使うことはあまりありません。一方、**酷使するのはまさに「目」です。**サッカー選手にとっての足に匹敵するほど重要なはずです。

その目が万全の状態でなければ集中できるわけがないということは、火を見るよりも明らかです。

☑「タイパ消費」の行き着く先

その意味で私が大いに懸念しているのが、いわゆる**「倍速文化」**というものです。

動画や音声を1・5倍から2倍のスピードで視聴するというもので、それだけ情報を効率的に手に入れることができるというものです。当初、倍速機能のなかったYouTubeは2010年代後半にスピードを選択できるボタンが実装されました。本来、ゆっくり楽しむべきドラマや映画も倍速で見る人が増えているというのですからちょっと驚きますが、これも「あらすじだけを素早く手に入れたい」というニーズからのようです。

これは「情報過多」と「眼精疲労」両方の面において、集中力を阻害している要因になっているのは言うまでもないでしょう。

そうでなくても、情報のスピード感は以前とは比べ物にならないほどに上がっています。TikTokをはじめとするショート動画は次から次へと再生されるようになっており、それが人を惹(ひ)きつけるのは確かですが、刺激が強い分疲れにつながることは確実です。

そう、**現代人はとにかく疲れてしまっている**のです。

☑ 疲れていることすら自覚していない現代人

問題は、その**疲れを多くの人が自覚していない**ということです。身体の疲れと違い、情報過多による疲労は目に見えにくいものがあります。眼精疲労も慢性化してしまうと、それに気づきにくくなります。

疲れている状態で何かに集中しようとするけれど、できない。それでも頑張って「集中しよう、集中しよう」と考えて、さらに疲れが増していく――。このような負のスパイラルに入ってしまっている人を多く見かけます。

あなたの集中力の欠如が疲れによるものなのかどうかを知る、一つのバロメーターがあります。

あなたは仕事中にふと、「あの問題、どうしよう?」などと急に不安が襲ってきたり、睡眠をとろうとベッドに入った後に急に仕事の不安が襲ってきたり、ということはありませんか。そして、「もうだめだ」という絶望的な気分になったりしないでしょうか。

もし、そんなことが頻繁にあるのなら、あなたは思った以上に疲れていると考えるべきだと思います。

太宰治の名作『走れメロス』に、象徴的なシーンがあります。友を助けるという信念をもって走り続けていたメロスですが、川の氾濫や盗賊の襲撃によって疲れ果て、ついにはこんな思考にいたるのです。

正義だの、信実だの、愛だの、考えてみれば、くだらない。人を殺して自分が生きる。それが人間世界の定法ではなかったか。ああ、何もかも、ばかばかしい。私

――は、醜い裏切り者だ。どうとも、勝手にするがよい。やんぬる哉

そう、疲れていればあのメロスですら、不安や絶望に押しつぶされそうになってしまうということです。

しかし、その後、たまたま近くを流れていた水を一口飲んだことで体力を回復し、再び走り出すことを決意したのです。

つまり、**「疲れを自覚して、休む」ことこそが、正常な判断力を取り戻すためには不可欠**だということです。

☑「問題が山積みだ」というときこそ、休む

私は「仕事が終わらない」「問題が山積みになっている」という悩みを持つ人に対して、「騙（だま）されたと思って、一度しっかりと睡眠をとってみてください」というアドバイ

スをすることがしばしばあります。

私自身、「これ以上、疲れた状態で判断するのは危険だ」と判断したなら、よほど緊急案件でない限り、しっかりと休息をとって、明朝、フレッシュな状態で判断を行うようにしています。

そうして休んでみると、昨日は大問題だと感じていたことが、実はそれほどたいしたことではなかった、ということに気づくことはよくあります。

夜遅くに、「あっ、あの問題はなんとかしないといけないかも……」とか、「部下からのこの相談は、早めに対応しないとまずいかもしれない……」と感じていたことが、翌朝になって考えてみると、「それほど深刻な状況ではないな」と気づいたりします。たいていのケースでは、勝手に私が先回りして心配していただけなのです。

結局、疲れていると何もかもが心配になってきて、ネガティブな気分になってしまうのです。そうして、しなくてもいい心配をして気もそぞろになり、集中力がどんどん奪われていくのです。

マッキンゼー時代、残業ゼロで、猛スピードで仕事を終わらせる先輩がいました。ただ、その人も仕事が立て込むことはあり、そんなときは残業をするのではなく、朝、いつもより早く来て仕事をしていました。おそらく、疲れている時に仕事をすることのデメリットを自覚していたのでしょう。

私自身、普段は5〜6時間かかるような仕事が、朝なら2〜3時間で終わることがよくあります。

☑ 物事には適切なタイミングがある

集中力とはあまり関係がありませんが、一つご紹介したい話があります。それは、物事は何もかも早くやらねばならないということではなく、何事にも適切な「タイミング」があるということです。

ダニエル・ピンク氏の書籍『When 完璧なタイミングを科学する』（勝間和代訳、講談社）によれば、世界中、どこでも同じことが言えるようです。

コーネル大学の2人の社会学者、マイケル・メイシーとスコット・ゴールダーが、84ヵ国240万人のユーザーが2年間に投稿した、5億件以上のツイートを分析した。2人はこの宝の山を用いて人間の感情を測定したいと考えた。とりわけ、「ポジティブな情態」（情熱、自信、機敏さなどの感情）と「ネガティブな情態」（怒り、無気力、罪悪感などの感情）が、時間とともにどのように変化するのか突き止めようとした。（中略）

メイシーとゴールダーは、人々の覚醒中に驚くほど一貫性のあるパターンが存在することを発見し、高名な『サイエンス』誌にその結果を発表した。ポジティブな情態――つまり、投稿者が活動的でエネルギーにあふれ、希望に満ちていることが表れている言葉――は、概ね午前中に高まりを見せ、午後に急に落ち込み、夕方になると再び高まった。ツイッター利用者がアメリカ人でもアジア人でも、ムスリムでもアスリートでも、黒人でも白人でもその他有色人種でも、関係なかった。「時間が影響を与えるパターンは、異質な文化でも地理的に離れた場所でも、同じように

現れた」と2人は発表した。（中略）

大陸も時差も関係なく、潮の満ち引きが規則的にくり返されるように、1日における変動——ピーク、谷、回復——は同じだった。

プライベートな例でいえば、子育てなどはその最たるものではないでしょうか。個人差はあるにしても、生まれてすぐに「歩かせよう」と思ったとしても無理な話で、タイミングを待つ必要があります。

また、早すぎる英語教育はかえってマイナスになるというデータもありますし、逆に運動神経を伸ばすにはある年齢までにさまざまなスポーツを体験する必要があるとも言われています。

私自身にもこのような経験があります。

ベストセラーとなった著書『マッキンゼー流　入社1年目問題解決の教科書』（SBクリ

エイティブ）という本を発刊したときのことです。

実はこの本の企画は、最初に編集者と「やりましょう」という話になってから1年間、まったく話が進みませんでした。

そんなある日、ふと私から「そろそろどうでしょうか」とご連絡したところ、先方も「自分もそろそろだと思っていました」との返事があり、再スタートすることに。すると今度は1年間止まっていたことがウソのようにスムースに進み、発刊に至りました。

いま思えば、それがあの本の「タイミング」だったのだと思います。それ以来、私は「無理に進める必要がない話は、無理に進めない」ということを心がけるようにしています。

これは完全に余談ですが、実は本書も企画がスタートしてから約1年、ほとんど話が進みませんでした。それが『マッキンゼー流　入社1年目問題解決の教科書』と同じく、あるときから急に進み始めました。これが本書の「タイミング」だったのだと思います。

「タイパ消費」という言葉が広がっている今だからこそ、あえて「急がない」ということを、ぜひ意識してもらいたいと思います。

5「根本的な理由」
――人間の集中力はもって15分？

前章でも述べましたが、私たちは5時間も6時間も集中できるようにはできていません。データが示しているように、**10〜15分程度しか集中できない**のです。

どうやら、このことは教育の世界でも常識になりつつあるようです。

東京大学の池谷裕二教授は集中力と記憶との関係について、次のように述べています。

英単語を学習した中学生のテスト結果について、池谷教授は論文で「グループ間のテストスコアを見てみると、翌日には『15分×3（計45分）学習』グループが『60分学習』グループを抜き、1週間後にはさらに差が広がりました。この結果から、休憩時間を挟んだ『15分×3（計45分）学習』グループの方が長期的な記憶固定には有効である可能性があります」と記しています。

（朝日新聞デジタル http://www.asahi.com/ad/15minutes/article_02.html）

そういえば私も学生時代、テスト前に徹夜で勉強をしようとはするものの、結局別のことをしてしまいまったく勉強がはかどらなかった、という経験が何度もあります。結局、今も昔も「長時間集中して勉強する」というのはあまり効果がないのかもしれません。

好きなことには没頭でき、何時間も時間が過ぎるという体験はあると思います。つまり、現在の多くの人は好きなことをしていない、また、好きではない仕事をしているからこそ没頭するほどの集中ができていない状況にあるということです。

☑ 人間が集中できないのは仕方がない

これについては生物学の観点からも証明されています。

かつての人類は常に、自然の驚異や外敵の恐怖におびえながら暮らしていました。いつ、天災があるかわからない。猛獣が襲ってくるかわからない。一つのことに集中し、いわゆる「ゾーン」に入った状態になってしまったら、背後に忍び寄る猛獣に気づけないかもしれません。

だからこそ、常に意識を分散しておく必要があった、と言われています。集中できないことはいわば、我々のＤＮＡに刻み込まれた「本能」なのです。

第2章のまとめ

- ☑ 選択の自由によって、判断すべき事柄が増えすぎている
- ☑ チャットは即レス、やり取りの細かさ、やり取りの多さによって私たちの集中と時間を奪っている
- ☑ 情報過多によってどこまでも調べてしまい、何を選べばいいか迷う一因となっている
- ☑ 眼精疲労、情報の多さによって、知らず知らずのうちに疲れてしまう
- ☑ そもそも人の集中力は10～15分程度なのに、まとまった時間集中しようとしてしまっている

第3章

AI時代に変わった「集中」の定義

人間に求められる
新しいスキル

「浸食」
――2030年、1660万人もの雇用がAIに代替される？

2013年にオックスフォード大学のカール・ベネディクト・フレイ博士、マイケル・A・オズボーン准教授が発表した論文「雇用の未来（The Future of Employment）」は、大きな話題を呼びました。

この論文によれば、**アメリカの仕事の47%がこの10〜20年間でロボットやAIなどの機械に代替されるリスクが70%**だというのです。

具体的には、「銀行の融資担当者」「レストランの案内係」「レジ係」「パラリーガル、弁護士助手」「簿記、会計、監査の事務員」「測量技術者、地図作製技術者」といった仕事が、今後10年の間に機械に代替されると予測されたのです。

（https://gendai.media/articles/-/40925）

論文発表から約10年経ったいま振り返ってみると、意外にというか幸いにというか、ロボットやＡＩに置き換わった仕事は限定的ではあります。

しかし、その流れはいわゆる「**生成ＡＩ**」の登場によって、一気に加速しようとしています。

２０２２年９月にローンチされ、話題になっている生成ＡＩ「ChatGPT」については、皆さんも耳にしたことがあるかと思います。生成ＡＩとはＡＩが対話を通して文章を生成してくれるというもので、たとえば「リーダーシップについて重要なことは何か」などと問いかけると、ネット上から集めた情報を元に即座に文章化してくれます。人間が書いたレポートより生成ＡＩが書いたレポートのほうがまとまっているなどという話もよく聞きます。

その能力は急速に進化しており、今やリサーチなどの仕事は人間よりもよほど速く、効率的にこなせるようになっています。

これにより、オズボーン准教授らの予測が急速に現実化しつつあります。

たとえば、パラリーガルという業務の大部分は、資料探しや契約書の作成だとされています。これはどちらも生成ＡＩが得意とする分野です。また、銀行の融資担当者に求められるのは融資先の与信判断ですが、これらは経験も重要とはいえ、財務状況などの数字の精査がより重要となります。これもまたＡＩが得意とするところです。どちらも数年以内にＡＩに取って代わられる可能性が高いとされています。

☑ 事務作業も消え去る運命にある

また、ＡＩとは別に、数年前から「ＲＰＡ」（ロボティック・プロセス・オートメーション）を導入する企業が増えてきています。ＲＰＡとは、たとえばメールで送られてきた販売データをエクセルに転記して社内システムにアップする、といった機械的な作業を自動的に行うことができるというものです。こうした作業はこれまで、会社内の事務担当者がこなしていましたが、その仕事をそっくりそのまま任せることが可能です。また、ＲＰＡとＡＩを組み合わせた新しいシステムも生まれつつあります。

これにより「事務員」の仕事は大幅に減ることが予想されています。ここでもやはりオズボーン准教授らの予測通り、「仕事消滅」が進みつつあるのです。

☑ 集中を求められる仕事から消えていく？

さて、改めて考えてみると、ここで「消滅する」とされた仕事の多くが、いわゆる「昔ながらの集中」を求められるものであることに気づくはずです。

大量の資料をまとめてレポートを作る、契約書のミスがないかを一字一句確認する、販売数字をミスのないように転記する。

それぞれ、「高度な集中力が必要とされる仕事」です。それこそ一日中、机の前で集中して取り組むことが求められるような内容ばかりです。

しかし、これらの分野でいくら頑張って集中力を高めたところで、ＡＩにはかないません。考えてみれば当たり前の話で、疲れることもなく24時間働き続けることができるＡＩに、集中力という面で人間がかなうわけがないのです。

「だったらもう、集中力なんて高める必要ないのでは？」

そう考える人もいるかと思います。その答えを言ってしまえば、「半分ＹＥＳで、半分ＮＯ」です。

☑ ＡＩは本当に仕事を奪うのか？

ＡＩ社会の未来に関しては、ディストピア的な予測とユートピア的な予測が存在します。

「ＡＩに仕事を奪われて誰もが失業する」というのがディストピア的な予測であり、「ＡＩが働いてくれるから、人間は好きな仕事ができる」というのがユートピア的な予測です。

「仕事がなくなる」というのは、一見ディストピア的な予想ですが、そうとも限りません。

私の古巣であるマッキンゼーは業界予測のレポートなどにも定評がありますが、日本の仕事の未来について書かれた「The future of work in Japan」というレポートの中に、次のような記述があります。

> 日本においては、技術の進化に伴い、２０３０年までに既存業務のうち27%が自動化される見込みであり、結果1、６６０万人分の雇用が代替される可能性がある
> (https://www.mckinsey.com/jp/~/media/McKinsey/Locations/Asia/Japan/Our%20Insights/Future%20of%20work%20in%20Japan/Future%20of%20work%20in%20Japan_v3_jp.pdf)

これだけ読めばまさに「ディストピア」ですが、実はこの文章は次のように続きます。

> これにより労働力不足を解消するだけでなく、残業の解消や成長など新しい領域に人材を振り分けることが可能になると予測する。しかしながら、自動化で代替され得る雇用・新たに創出される雇用を踏まえても、２０３０年の労働力需要は供給

を150万人分上回り供給が不足と推定している。今後の労働人口減少に対応するためには、更なる自動化の促進が求められる

☑ 二極化が進んでいく

このレポートの一文にはさまざまな要素が含まれていますが、ざっと読む分には「確かにAIが多くの仕事を奪うが、日本では今後、労働力不足が起きるので、むしろ供給される仕事は増える」ということになるでしょう。つまり、**「AIによって誰もが失業する」という未来は来ない**ということです。

ただし、問題は、「新しい領域に人材を振り分ける」という一節です。これはつまり、今の仕事に就き続けることができるとは限らないということで、多くの人が自分の意の沿わない仕事をせざるを得ない状況に追い込まれる可能性があるということです。

では、その仕事とは何か。

それはおそらく、「従来型の集中を必要とする仕事」ということになるでしょう。

オフィスワーカーの未来

ＡＩにとって代わる仕事とは、前述したような事務やリサーチの仕事がまず挙げられますが、その他にも数々の仕事が含まれそうです。

たとえば、計算能力において人間はどうやってもＡＩにかないません。経理部門や需給調整、在庫調整といった仕事はどんどん置き換えられていくでしょう。

マーケティングの仕事もある意味「数字」の仕事です。販売データやコンバージョン率などを見ながら新たな施策を打っていくわけですが、その分析はＡＩのほうがはるかに優れています。すでにＭＡ（マーケティングオートメーション）などの自動化ツールも数多く開発されています。対面営業などの仕事は人間が行うことになりますが、大幅にその数は減っていくかもしれません。

☑ マネージャーの仕事はどうなる？

では、マネージャーの仕事はどうなのか。

部下をモチベートしたり、社内での調整をしたりといったソフトスキルに関する仕事は残り続けるでしょう。

しかし、例えば営業管理職の重要な仕事の一つである戦略立案、たとえば「どの商品をどのように売っていくか」という方針の策定などに関しては、商品の売れ行きや回転率のデータをＡＩに提供することで、「今日はこの商品の在庫を発注したほうがいい」「この商品の売れ行きは鈍化しているので、生産中止にすべき」といった判断を求めるほうがよほど成果が上がる、ということも考えられます。

そして実際、そういうツールも増えています。いずれ営業部長の仕事は、ＡＩが導き出した方針を承認するだけ、ということになるかもしれません。

人事も同様です。チームメンバーの売上貢献度、目標達成率などのデータをＡＩに分析させることにより、「このスタッフの成績は３カ月連続で下落しているので、研修プログラムの対象者としたほうがいい」「今後、成績アップの見込みは10％未満ですから、部署異動を検討すべきだ」という提案をすることだってできそうです。

「データを分析し、答えを出す能力は人間よりもＡＩのほうが優れている」これはいわゆる「専門系」の職業でも言えることです。

たとえば、いま現在、がんの治療薬については、「このがんにはこの薬」「このステージのがんにはこの薬」と細かくプロトコルが決められていますが、今後、ＡＩ技術が進化すれば、患者のＤＮＡの特徴、がんの進行具合などから総合的に判断して、いま以上に適切な薬を処方することができるようになるでしょう。２０１６年に東京大学医科学研究所で、ＩＢＭのＡＩ「ワトソン」が、がん患者の病因を突き止めたことが話題になりました。診断の難しい特殊な白血病をわずか10分ほどで見抜いたのです。（https://diamond.jp/articles/-/175165）

インフルエンザの診断を行うＡＩはすでに実用化されていますし、人間では見落とすような数値や症状を捉えることができるＡＩは今後次々と開発されていきます。

もちろん、これによって、医師がただちに不要になるわけではありません。ただ、専門職の一部の業務がＡＩに置き換わっていく可能性は高く、ＡＩによって仕事を奪われる人材は、どの業界でも一定数出てくるのは間違いないでしょう。

☑ クリエイティブな仕事なら人間は機械に勝てる？

「さすがにクリエイティブな仕事であれば、大丈夫だろう……」と考えたいところですが、クリエイティブな領域であっても、機械に代替される可能性は十分にあります。

たとえば小説すら、ＡＩが書ける時代になっています。

実際、あるアメリカの小説家は、作品のアイデアを考える際にChatGPTを使っていると言っています。


―　この作家は、テキサス州の小さな町で起こった超常ミステリという設定を

ChatGPTに与え、「殺人の被害者が必要。どうやって殺されたのか。容疑者は4人で、なぜ疑われているのか。犯人が誰かも教えて」とリクエストした。

するとすでに自力で書いた1巻の続編を補完し、2～7巻までのプロット（おおまかな筋書き）を得ることができたという

（https://president.jp/articles/-/65432?page=3）

日本では、マンガ『ブラック・ジャック』の新作がAIを用いて発表されたことが話題となりました。実際に読んでみても、手塚治虫氏が本当に描いたのではないかと思うくらいの再現度です。（「週刊少年チャンピオン」52号〈秋田書店〉2023年11月22日発売）

また、音楽業界では、松任谷由実さんが50周年記念ベストアルバムで自分（荒井由実）とのデュエット曲が収録され注目されました。50年前の歌声をAIで生成。初回限定版では、荒井由実さんと松任谷由実さんの対談も収録されています。

これらはまだ「AIが創作をサポートする」というレベルですが、いずれ名だたる名作を学習させたAIが書いた小説が文学賞を受賞してしまう可能性が「ゼロ」と言い切

れる人は少ないはずです。

チコちゃんの「ボーっと生きてんじゃねーよ」ではありませんが、どんな業種、役職の人であっても、集中せずに仕事をしていると、ＡＩに仕事を奪われてしまいそうな気がしてきませんか。

そしておそらく、こうした世界においては仕事の格差、つまり仕事による収入の差はさらに顕著になるでしょう。

つまり、一握りの人が望む仕事に就く一方で、多くの人は希望通りではない仕事、相対的に待遇の悪い仕事に就かざるをえない未来が来る可能性があるということです。

「充足感」
——未来を照らすキーワード

ＡＩによって仕事が消滅していく。これは一見、ディストピアですが、一方で、「ユートピア」だと前述しました。

ＡＩが順調に人間の仕事を代替するようになったなら、人間のすることはだんだんと減少していくと考えられます。労働から解放されるという捉え方をすれば、これほどハッピーなことはありません。

古代ギリシャ人が哲学を生み出すことができたのは、奴隷が単純労働を請け負うことで生まれた「余暇」（スコラ）があったからだと言われます。ＡＩなどのツールは、言い方は悪いですが現代の奴隷のようなもの。24時間、文句も言わず働いてくれます。

「どうせ、集中力が問われる仕事では人間はＡＩに勝てるわけがない。その分野で無駄にあがくより、ＡＩを利用して浮いた時間を活用して、いかに人生を充足させるかを考えたほうがいいのではないか」

そして、そのカギを握るのもまた**「集中しない集中」**だと、私は思っています。

☑「頭のよさ」の定義が変わった

いくら集中しても、ＡＩには到底かなわない。では、何のために集中するのか。これからはその目的こそが問われるようになります。

まず、「知識を詰め込む」ための集中は、あまり得策ではないと誰もが気づくことでしょう。

これまでは、「たくさんのことを知っている」ことは一つの価値でしたが、インターネット、ＡＩの登場によって、その価値は下落の一途を辿っています。たいていのことは検索すれば知ることができますし、忘れてしまえば検索すればいいだけの話です。

知識のアウトプットは人間の専売特許かというと、それも脅かされつつあります。たとえば前述の ChatGPT が大学の入学試験を受けたところ、ミネソタ大学ロースクールやペンシルベニア大学ウォートン校など、名だたる大学の試験を通過したそうです（２０２３年１月27日にＣＮＮは「ＡＩツールの ChatGPT、米名門大の試験を次々通過」と報道）。

記事によれば、通過はしたものの必ずしも成績が上位だったわけではなく、基本的な分野については高得点を取っても、高度な問題については苦戦する傾向もあったそうです。これも今後、徐々に改善されていくことでしょう。

また、「分析をする」というのも、逆立ちをしても人間がＡＩにはかなわないことでしょう。

では、「経験を踏まえて答えを出す」ということに関しては、どうでしょうか。経験は一見、人間にしか積めないことのように思います。

しかし、経験とはいわば「過去のデータの蓄積」ですから、言ってみれば一種の「データ分析」でもあります。となると、これまたＡＩのほうがよほど得意なことかもしれません。そもそも正解のないＶＵＣＡ（ブーカ）（Volatility〈変動性〉、Uncertainty〈不確実性〉、complexity〈複雑性〉、

Ambiguity〈曖昧性〉の４つの単語の頭文字。目まぐるしく変わる、予測困難な状況を指す）と言われる時代には、これまでと違う「正解」を見つけ出す必要があるため、時として「過去の経験」は邪魔になってしまいそうです。

☑ 人間がＡＩに勝る「考える」ための集中

一方で、今まで世の中になかった新しいものを生み出す仕事、いわゆる**「ゼロイチ」の仕事**は、まだしばらく人間の専売特許になりそうです。

また、人間の複雑な感情に寄り添うような仕事もまた、少なくとも現段階では、人間にしかできない仕事だといえるでしょう。「データ上はこの選択をすべきだが、メンバー一人ひとりの意思を考えると、あえて違う選択をする」などという判断は、ＡＩには難しいでしょう。

では、こうした行動をどう表現するか。私はそれこそ**「考える」**ということだと思っています。

私がマッキンゼー時代、よく言われていたことの一つに「情報はセクシーに使え」というものがあります。コンサルティングファームである以上、当然、情報は重要なのですが、それをそのまま分析しただけだと「セクシーではない」と言われてしまうのです。

つまり、得た情報を元に自分なりに「創造」をしなくてはならないということ。そして、そのためには「考える」ということが不可欠だと思うのです。

そう考えると、おのずと求める「集中」の姿も変わってくると思います。

記憶や分析のための集中は、いわば今までの集中のイメージです。誰にも邪魔されない別室にこもり、ひたすら長時間、一つの作業をこなしていく。

一方、考えるための集中においては、そうした根(こん)を詰めた姿勢からは何も生まれないどころか、むしろ思考を阻害してしまう可能性もあります。

だからこそ私が提唱したいのは、「がむしゃらにがんばる集中ではなく、集中しない集中」なのです。

より具体的に言えば、

「適度に休み、適度に集中する、を繰り返す」

これは、**「リラックスした集中」**とも言えるかもしれません。

「緩急」
――マッキンゼーで学んだ「集中のメリハリ」

そもそも、人間の生活がツールによって激変したのは、ＡＩによるものが初めてではありません。人間の生活は技術の進歩により、どんどん便利になってきました。

鉄道や自動車、飛行機の登場で、以前は何週間もかけていた場所へ短時間で移動することが可能になりました。わざわざ手紙や書類を届けなくても、メールで即座に送ることができるようになりました。図書館に行かないと得られなかったような情報が、今では家に居ながらにして手に入ります。

ツールがこれほど発達したのに、なぜ忙しさが変わらない（むしろ増している）のか、という議論があります。これについてはさまざまな説がありますが、私はその理由の一つとして、**「現代人はぼーっとすることに慣れていない」**ということがあるのではないかと思っています。

日本人は特に、休暇の過ごし方がうまくないという話をよく耳にします。せっかくのバカンスに仕事のパソコンを持ち込んだり、四六時中メールチェックをしたり……。それは結局、**「仕事とは、集中して時間を使うこと」だという意思から抜け出せない**からではないでしょうか。

そして、その根底にあるのは、「欠乏感」のように思えてなりません。

欠乏感は人を行動に駆り立てます。しかし、欠乏感は同時に、常に刺激を求めます。刺激というのは不思議なもので、最初は弱い刺激で満足していたとしても、もっと強い刺激を欲して心がそわそわしてしまうのです。

私はこの欠乏感もまた、現代の人たちの集中力を奪ってしまっている要因だと思うのです。

人がスマホを見る理由の一つは、「刺激」なのだそうです。ニュースを見るのも同じ理由でしょう。つまり、集中できないのは「スマホがあるから」ではなく、「常に何かをやっていないと気が済まない」「常に刺激がないと満足できない」という欠乏感が関係しているのです。

☑ 作業をこなすための集中ではなく、「思考」「行動」のための集中

今でこそ、「集中しない集中」を心掛けている私ですが、以前はまさにオールドスタイル、いわゆる「がんばる働き方」をしていました。

私は大学を卒業後、マッキンゼーに入社しました。当初、私はひたすらがむしゃらに働きました。毎日深夜まで集中して働き、一つの仕事が終わればすぐ次の仕事に……という毎日の繰り返しだったのです。

しかし、そんな生活を長く続けられるわけもなく、あるとき急に緊張の糸が切れ、いわゆる「燃え尽き症候群」になりかけました。そんなとき不思議といきいきしている先輩やメンバーがいることに気づき、何が違うのか観察しました。

そこでわかったのは、**「集中の質の違い」**があるということです。

彼らはもちろん集中して働いていたのですが、毎日朝から晩まで集中しているわけで

はなく、**「無駄な仕事」と「必要な仕事」を見極め、必要な仕事だけに短時間集中する**という働き方をしていました。周囲には、「午後6時に帰るのに、成果はきっちり上げる先輩」や「マシーンと呼ばれるくらいのスピードで資料を仕上げる先輩」などがいて、「これが集中するということか」とあっけにとられたのを覚えています。

あるとき、印象深い出来事がありました。

その先輩はもともと仕事ができる人だったのですが、一時期、あまりにハードな案件にアサインされて、周囲の目から見ても大丈夫だろうかという状況に追い込まれているような印象でした。

その様子を見ながら私は、「このままいくと、倒れるか、退職するかしか選択肢はないのでは……」とハラハラしていました。

実際、ハードな仕事が続くと、服装もヨレヨレになり、立っているのもやっとではないかという状態になっていることもしばしばありました。

しかし、それでもしばらくすると、さっぱりした表情をして、これまでの様子がウソのように、はつらつと仕事をしているのです。

私の頭の中は「？」でいっぱいになってしまって、意を決して、「何かあったんですか？」と聞いたところ、**「瞑想をやっているんだ」**と教えてくれました。

このとき私の中で、周囲の人たちが集中して質の高いアウトプットを出す姿と、先輩が瞑想によって心をリラックスさせたうえで、集中できる状態を自ら創出している姿が一本の線でつながりました。

「ただがむしゃらにやるだけではダメなのではないか」「もっとリラックスして働いたほうが、結果的によいアウトプットを出せるのではないか」**「身体が疲れている状態で集中するのは不可能**で、休息を取り入れながら集中できる状態にもっていく必要があるのではないか」――そんなことを私が悟った瞬間でした。

☑ 休みつつ働くのがグローバルスタンダード

「休みつつ働く」という意味での最先端は、やはりアメリカだと言えるでしょう。

グーグルやアマゾンといった巨大ＩＴ企業のオフィスにはさまざまな仕掛けがあることはよく知られています。

グーグルのオフィスには無料の食堂はもちろん、マッサージルームや瞑想ルーム、バスケットボールコートなど、リラックスできるさまざまな場所があります。アマゾンではペット同伴で働くことも可能です。

ＩＴ企業でなくても、社内あるいはビル内にジムがあるのは珍しいことではありません。

「会社は働くために来るところだ、遊ぶところではない」と言う人もいるかもしれませんが、**「適度な休息をとったほうが効率がいい」**ということは、現在の日米格差からも証明されているのかもしれません。

「没我」
――なぜ一流は「瞑想」をするのか

マッキンゼーで「瞑想」をする先輩と出会った話は前述しましたが、海外では日本以上に**「瞑想」が当たり前**のこととして受け入れられているように思います。

グーグル社員が実践していることで知られる**「マインドフルネス」**というものが一時期ブームになりましたが、これもつまりは「瞑想」の一種です。

私自身、瞑想を習慣化するようになってから、集中の質が変わったことを実感しています。

仕事の中に瞑想を取り入れるのです。毎日決まった時間に瞑想をするルーティンにしました。

なぜ、瞑想が集中にいいのか。それを知るためには、「そもそも集中しているというのは、どういう状態なのか」について考える必要があります。

まずは「脳波」にポイントを絞ってみていきましょう。

脳波は、その周波数の違いから、「デルタ波」「シータ波」「アルファ波」「ベータ波」の4つに大別されています。

- デルタ波：眠っているとき
- シータ波：入眠前にまどろんでいるとき
- アルファ波：リラックスしているときや、集中しているとき
- ベータ波：緊張状態にあるときや、集中しているとき

右記が大まかな特徴ですが、厄介なのは、アルファ波もベータ波も「集中している」状態を指しているのと、ベータ波は集中だけでなく、緊張状態の脳波でもある点です。

瞑想にもさまざまな流儀がありますが、私がやっているのは**「TM瞑想」**というものです。ＴＭ瞑想では、「脳波が同期した状態＝よい集中状態」とされています。アルファ波も、ベータ波も、他の波も同じ波形で波打っている状態です。普段は別々に波打っているものが、瞑想することで同期することが確認されています。

私の感覚でいえば、「リラックスしているけれど、鋭敏な状態」「過緊張ではないけれど、いつもよりも感覚が研ぎ澄まされている状態」が、脳波の同期によって得られます。また、同期している状態、すなわち「よい集中ができている状態」になると、時間がゆっくりと流れていることを感じ取れるようになります。

よく「集中していたから、あっという間でした」と言う方もいますが、私の感覚は逆で、集中しているとき、時間はゆっくりと流れるイメージです。野球選手が「ボールが止まって見えた」と感じるのに近い感覚かもしれません。

いわゆる「フロー状態」のことです。フロー状態とは、楽しく、ラクにやっていることに全集中している状態のことを言います。

たとえば、私は1カ月単位で目標を設定していますが、月の前半に集中して取り組めたときは、「あっ、まだ2週間しか経っていないのか！」と得した気分になれます。本当に充実して、いろいろなことをサクサク進めているときは、焦る気持ちもなくなりますから、心にも「余裕」が生まれているのかもしれません。一方、ダラダラと日々を過ごしていると、あっという間に月末になっていて「えっ、もう月末なの⁉」と驚いてしまうこともあります。

これは1日単位でも同じで、集中できているときは、まだ午前11時だとは思えないくらいの仕事量をこなすことができて、「今日の自分は集中できているな」と感じたことがみなさんもあるはずです。

スポーツ選手が入る「ゾーン」

ここまではＴＭ瞑想における「脳波の同期」（＝よい集中状態）について記しましたが、この同期で得られる状態は、心理学者のミハイ・チクセントミハイ氏が提唱した「フロー状態」や、スポーツ界でよく使われる「ゾーン」に近いものだと私は考えています。

スポーツ選手が、「ゾーン」について語った例は枚挙にいとまがありません。

たとえば、日本プロ野球史上初の２０００本安打を達成した川上哲治さんのエピソードは有名です。

「ボールが止まって見えた」と語ったのは「打撃の神様」と呼ばれた川上哲治（かわかみ・てつはる）さんである。１９５０年の練習中にそんな状態になり、「止まった球」を打つのに我を忘れたという。「疲労も感じず、楽しくてしょうがなかった」と振り返っている（『毎日新聞』２０２２年８月４日）

また、後半のメソッド部分でも扱っていますが、ルーティンを行うことで「集中」のスイッチを入れているケースでは、イチローさん（野球）、五郎丸歩さん（ラグビー）などが有名です。

サッカー界では、ワールドカップで活躍した遠藤航選手が、著書『DUEL 世界に勝つために「最適解」を探し続けろ』（ワニブックス）の中で、次のように語っています。

トレーニングにおいて「全力で全身のパワーを使う」体の使い方は非効率的で、パフォーマンス的にも確度が悪いと感じていました。むしろ、いかにしてリラックスした、効率のいいパワーの使い方ができるかが大事だ、と。世界と戦う上で、とても重要な感覚でした

「全力で全身のパワーを使う」わけではなく、「リラックスした」状態を意識している点、これは私の勝手な解釈ですが、瞑想で得られる「集中」状態に近いのではないでし

ようか。本書で扱っている集中も、

- 昔に比べて「集中」するのが難しい時代になっている
- そもそも人間は長時間集中できない

という前提に立って、「本当の集中」は「集中するぞ」とがんばって努力して得られるものではなく、心身ともにストレスがかかっていない状態になって初めて得られるものだということを何度もお伝えしてきました。

そしてそれは**瞑想≒休む時間、ぼーっとする時間**から得られる、というのが私の意見であり、実体験なのです。

瞑想についてはさまざまな流儀や流派がありますが、自分に合ったものでいいと思います。さらにいえば、別に本格的な作法など学ばなくても、「じっと目を閉じてぼーっとする時間を作る」ことでも十分ではないかと思います。

「集中するためにはむしろ、集中しない」ということを、改めて意識してほしいと思います。

☑ U理論と集中の共通点――物事をクリアに捉える

本章の最後に、私が「集中しない集中」について考えるにあたり、重要だと思っている理論を紹介したいと思います。

それは、MITのC・オットー・シャーマー氏が提唱した**「U理論」**です。同名の著書（『U理論――過去や偏見にとらわれず、本当に必要な「変化」を生み出す技術』、英治出版）が話題になったこともあり、聞いたことがある人も多いことでしょう。

この理論について私は、「過去にとらわれずにゼロ発想するフレームワーク」だと理解しています。

１１３ページの図について簡単に説明すると、U理論は、ファーストステップとして**「ひたすら観察する」**ことからスタートします。次に**「いったん手放してみてゼロになる」**ことで、自然と自分のやりたいことや目指すべき方向が**「立ち上がってくる」**フェーズに移行。そして、そのあとで**「どう実行するかを考え」**て**「アクション」**するというステップを踏むことになります。

一度、下降して、その後、実践に向かって上昇していく形状が「U」の字に似ているため「U理論」と名づけられました。

たとえば組織がビジョン、あるいは新規ビジネスを考える際には、まず、いろいろな情報を収集して、いま何が起きているかを把握し、今後どういう方向に動いていくかを考える段階が必要になります。みなさんも経営会議や企画会議に参加する際、自分の部門の置かれた環境、現状を分析して臨まれることと思いますが、まさにその段階が、U理論のファーストステップになります。

ただ、それをそのまま採用してしまっては、単なる他社のモノマネになってしまいます。そこでいったん、そうした情報を手放す。すると、自社としてどんなことをすべきか、どんなことをやりたいかが見えてくる、というわけです。

先ほど、マッキンゼーで教わった「情報をセクシーに使う」という言葉をご紹介しましたが、それを実践するためのフレームの一つがこのU理論だと私は理解しています。

これは組織だけでなく、個人でも同じです。

たとえば、今後どのようなキャリアを歩むべきかを考えてみるとしましょう。まずは、キャリア関係の情報を集めたり、周りの人の話を聞いたり、あるいは観察したりして情報を集めることでしょう。

ただ、いくら素晴らしいキャリアを歩んでいる人がいたとしても、しょせん人は人。自分がその通りやって成功するわけがありません。そこでいったん、「手放す」こと。そうして初めて、自己のもっと深いところと対話することが可能になります。

Uの一番深いところ、底の部分で自己としっかりとつながることができれば、「自分は本当はこうしたいんだろうな」といった思いが自然と浮かんできて、それを自分の中に落とし込むことで、実現に向けて上昇していくことになります。

U理論

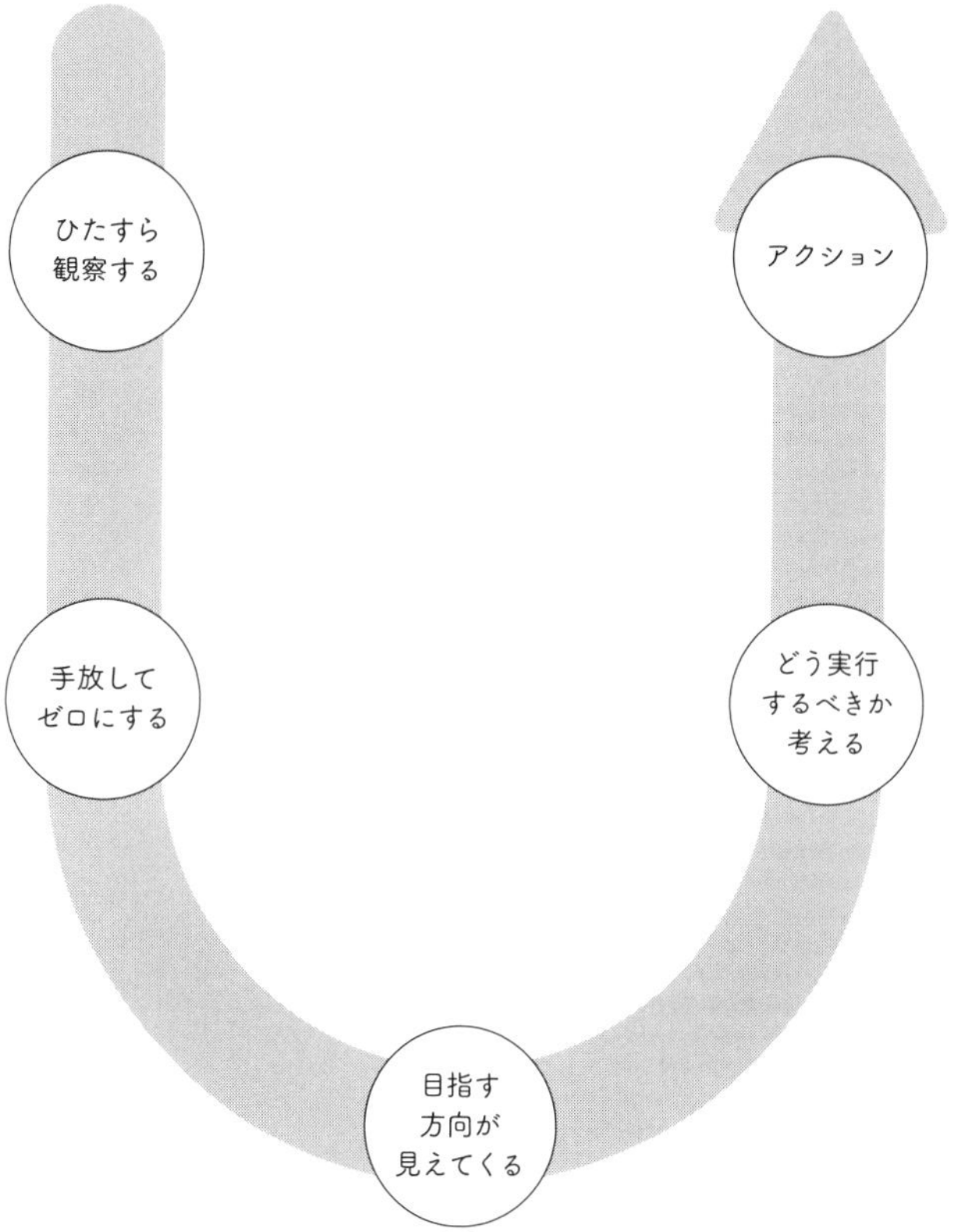
ひたすら
観察する
手放して
ゼロにする
目指す
方向が
見えてくる
どう実行
するべきか
考える
アクション

このフェーズをもっと一般的な言葉で言えば、「言語化する」という概念が近しいかもしれません。**「イメージして、言語化して、現実のものとするために、実行しましょう」**というのが、U理論の考え方です。

この理論が画期的なのは、ロジカルに考えて分析して、「これをやるべきだ」という結論を出す従来型のアプローチと違って、一度、深い部分の自分と向き合うことで、自ずとやるべきことが見えてくるところにあります。

私にとってこの理論はまさに**「集中しない集中」の重要性**を説いているように思うのです。

がんばってがんばって集中しても、その後「手放す」というフェーズがなければ、答えを導き出すことはできない。集中し、それを手放すというサイクルを繰り返すことで、自分ならではの答えを導き出すことができる。

そしてその**「手放す」フェーズこそが、「集中しないこと」**だと思うのです。

第３章のまとめ

- ☑ クリエイティブな仕事でも、小説、コミック、音楽などさまざまな分野でＡＩが活躍し始めている
- ☑ 今まで世の中になかった「新しいものを生み出す」のは人間の専売特許
- ☑ 「考える」ことはＡＩにはできない
- ☑ 休憩、瞑想、休暇……どんな形でもリラックスタイムをとることで集中するときとそうでないときのメリハリをつける
- ☑ 「Ｕ理論」で「手放す」ことを知り、「集中しない集中」を体得する

第 4 章

大嶋流「集中」のすごい仕組み

マッキンゼーと一流企業で
習得したナレッジ

心のノイズを取り払う

☑ 集中しようとしない

さて、ここからは「実践編」。順不同でひたすら「集中しない集中」の具体的手法を上げていきたいと思います。

ここで紹介するのは**過去、マッキンゼーやその他の場所で一流のビジネスパーソンが実践してきたこと、そして私自身も実践して効果が感じられたもの**です。当然ですが向き・不向きがあると思いますが、気になるものがあればぜひ一度、試してみてほしいと思います。

そして、繰り返しになりますが、その大前提は「集中しようとしない」ことです。

集中力を高めようと努力すればするほど、長時間にわたって集中しようとすればするほど、質の高い集中はできなくなるからです。

なぜなら、それは「疲れてしまうから」。疲れた状態で「集中しなければ……」と焦ってしまうと、本来はやる必要もないこともやらなければならないと勘違いしてしまい、あれもこれもと手をつけてしまう。

結果、やることばかりが増えて、まったく前に進まない。「どうしよう、どうしよう……」となって、時計を見ると、もう夜の12時を回ろうとしている――。そんな「悪魔のサイクル」といった状態に追い込まれてしまいます。

あなたは眠る直前に急に不安が押し寄せてきて、「あれ、あの件はどうなっていたかな」「あっ、あれもやっておかないと！」「これもやっておかないと！」と、次から次へと懸念事項やＴＯＤＯが思い浮かぶという経験をしたことがありませんか。それを「冴えている」と表現する人もいますが、私に言わせればそれは**「冴えている」というより「疲れている」から起こる現象**です。そして、少しきつい言い方になりますが、そうやって思い浮かんだことの8割は余計なことだったり、取り越し苦労だったりするのではないでしょうか。

だからこそ、「集中しよう！」と意気込まないこと。そして、集中できないときはまず、「あ、自分は疲れている。休まなければ」と割り切ることです。集中できない状態で集中しようとしたり、不安にさいなまれながら何かをやろうとすると、かえって疲れが増していつまで経っても集中できません。

「集中が途切れたときこそ、集中しようとしない」

それこそが大嶋流集中術の「大原則」です。

☑ 悩みを再生産しない

悩みのない人生などありません。しかし、それに過剰な時間を奪われてしまっては本末転倒。言い方を換えると、悩んでいるというのは「悩みに集中している」ということです。でも、悩んで解決することなど一切ありません。

ただ、休んでも休んでも不安がとめどなく湧いてくる……そんなこともあるかもしれません。

そんなときはひょっとして**「悩みの再生産」**をしていないでしょうか。

中でも一番バカバカしいのは、嫌なこと、嫌な人を思い出してイライラすることです。相手ですら忘れてしまっているようなことを、いつまでもイライラ、くよくよする。まさに悩みの再生産であり、これほど非生産的なことはありません。

マッキンゼーのプロフェッショナルたちは常にさまざまな難問に直面していましたが、考えてはいても悩んではいませんでした。自分の失敗をいつまでも引きずってくよくよする人も見たことがありません。

あるとき、尊敬する先輩に「なぜ、いつも穏やかに心乱れず仕事ができるのですか？」と直接聞いてみたことがあります。するとその人は、「いくら感情的になったり悩んだりしても、仕事がうまく進むわけではない。どうしたら問題を解決して目標達成できるかを考え、ひたすら実行するだけ」と答えてくれました。

そして実際、多くの一流コンサルと呼ばれる人は、**「自分でどうにかできないものについては悩まない」**という鉄則を持っていました。

たとえば野外イベントを主催するにあたり、「その日、晴れるかどうか」は自分ではどうにもできないことですから、悩んでも仕方がありません。でも、「雨が降った場合にどうするか」は自分で何とかできるから、それについては考えておくべき、ということです。

集中が途切れ、悩みが頭にどんどん浮かんでくるようなことがあれば、「あ、自分は悩みを再生産しているな」とその**バカバカしさを俯瞰する**ようにしてみてください。

また、この大原則を考える上ですごいと思うのは、将棋の棋士です。将棋では対局後すぐに「感想戦」というものを行い、対局者同士がその対局について振り返ります。

勝ったほうはともかく、負けたほうは頭に血が上っていそうなものですが、多くの棋士は冷静に振り返りをするのだそうです。

中でも、将棋で前人未到の八冠を達成した藤井聡太さんは、負けず嫌いでありながら（子どものころの、対局に負けて泣きじゃくる映像は有名ですよね）、負けても瞬時に切り替えて感想戦に臨むそうです（『藤井聡太は、こう考える』杉本昌隆、ＰＨＰ研究所より）。

失敗を振り返ることは成功への近道。イライラしたりくよくよするのではなく、「感想戦を行う」という意識を持つといいのかもしれません。

☑ 頭がいっぱいになったら書く

仕事に追われていたり、済ませたはずの仕事の不安が襲ってきたりして、目先のことに集中できないことがあります。そんなときにおすすめしたいのが**「ジャーナリング」**という手法です。

感情や雑念というのは、頭の中にしまってしまうからこそ滞留してしまうもの。そこで、頭に浮かんだことをすべて、紙に書き出してしまうのです。それだけで、驚くほど頭が整理され、集中力が回復します。

たとえば、次のようなことです。

- Aさんに連絡
- Bさんからの返事を待って次の手を考える
- 長期プランについてそろそろ考えておく
- 故障した家の冷蔵庫をどうにかする

この例にあるように、プライベートの悩みも含め、すべて書き出しておきます。書き出してみると意外と「悩むほどのことでもないな」ということに気づくこともあるでしょう。

書き出すだけでも十分効果がありますが、私の場合、**書いた紙を破り捨ててしまいます。**悩みがふと浮かんできたら書きなぐり、すぐに破る。それを何度も繰り返すのです。そうすることで、体内から負のエネルギーが外に出て行くのを感じます。いわば、トイレに行くのと同じことですね。

ちなみに同じような効果は、人に話すことでも得られます。友達でもメンターでも、信頼できる人に話すとよいでしょう。

☑ モノを徹底的に排除する

心のノイズを取り払うためには、**「視界のノイズ」**も取り払う必要があります。

私は机の上に置いてあるのは、パソコンと時計だけです。あとは、視界には基本、何も入ってきません。モノがあると、意識はせずともそれがノイズとなり、集中を妨げてしまうからです。

いわゆる「ミニマリスト」になる必要はありませんが、少なくとも何かをする際に視界に入るものは極力少なくするようにしましょう。それが、心のノイズを取り払うことにもつながります。

「机が汚くても仕事ができる人は多い」という反論がありますが、私は「そういう人は、机を整理すればもっと仕事ができるようになる」と思っています。

とはいえ、実は私も昔はかなりの片づけ下手でした。10年ほど前に一念発起して片づけを開始し、今ではかなり片付いた状態をキープすることができています。

部屋に空間（余白）**ができると、「今、自分に必要なものは何か」が見えてきます。**そして、必要なものだけを揃えようとするので、自然とモノも少なくなり、部屋の余白がキープされるのです。

☑ 一日一度、一人の静かな時間を持つ

職場では多くの人に囲まれ、家でも家族の世話に追われ……という人は、なかなか一人になる時間がないかもしれません。しかし、集中力を高めるためには「**一人になる**」**時間を一日一度、必ず作って**ほしいと思います。

一番おすすめの方法は、都会から離れて、森や海といった自然豊かな場所に行くこと

です。でも、そんな時間がないという人は、近くの公園に行って、10分でいいので自然の中に身を置いてみてください。当然ですが、スマホを眺めたりはNG。できれば電源も切ってしまいましょう。

なぜ、一人の時間を作ると集中力が高まるのか。私はその理由を「ノイズをシャットアウト」できるからだと考えています。

たとえるなら、いまの私たちは嵐のときの海面のような状態で、上へ下へと揺られて、どこに向かっているのかすらよくわからない混乱の中にいるようなものです。

そんなときでも、海面下は比較的穏やかで、深く潜れば潜るほど、地上の嵐がウソのように思えてきます。その「深く潜る」時間こそが、一人の時間だと思うのです。

公園に行く時間さえない、という人は、会議室にこもったり、屋上やベランダなどに出てみるということでもいいでしょう。そうして一人になってからまた戻ってくると、世界が少しだけ違って見えることに気づくはずです。

判断しない、悩まない

☑ 不要なものを見極める——判断する量を減らす

第2章でご紹介したように、「判断の量」は集中力に大きな影響を与えます。人間が一日にできる判断の量は限られている。だから、なるべく判断の量を減らすことが、集中力を保つコツになります。

そこでおすすめしたいのが、**「仕事以外の判断をなるべく減らす」**ということ。

たとえば私は、朝ごはんに何を食べようかと判断しなくて済むよう、毎朝「ご飯とお味噌汁と納豆」と、同じものを食べています。着る服もなるべく決めており、「プレゼンの日は、ワンピースにジャケット」。普段の仕事着はこれで、あとは毎日色を変えていくだけ」と決めています。

人気エッセイストであるジェーン・スー氏の本に、「毎日昼食に同じものを食べるようにしたら、ストレスが一気に減った」と書いてありましたが、これもまさに同じことだと思います（『私がオバサンになったよ』〈幻冬舎〉より）。

ちなみにこれを徹底していたのが、かのスティーブ・ジョブズ氏で、黒のタートルネックとリーバイスのジーンズを毎日着ていました。着るものに悩むのは無駄だと考えていたからだというのは有名な話です。

小さなことにも思われるかもしれませんが、小さな判断が積み重なると、夕方頃には疲れ切ってしまいます。当然、集中もできません。

集中力が続かない、という人は、「自分は余計なことまで判断しようとしていないか」と、一度振り返ってみてください。

☑ 見るべきメールはタイトルで判断

我々の判断量のキャパシティを著しく消費してしまっているものがあります。それは、第2章で述べた「メールやチャットの処理」です。私もそうですが、一日に100件を超えるメールを処理しなくてはならない、という人も多いことでしょう。

ただ、実際にはそのうち、本当に重要な判断が迫られるメールはそれほど多くないはずです。しかし、来たメールを片っ端から読んで処理しようとすると、「このメールは返信しなくていいな」「この処理は後でもいいな」という判断をしなくてはならず、これも「1判断」とカウントされてしまいます。

特に問題なのは、朝一番でメールを処理しようとすることです。朝一番という一番頭が冴えている時間帯、しかも、これから重要な仕事を始めようというタイミングで、「メール処理」に判断力を使ってしまうのは、極めてもったいないのです。

そこで、朝イチで来たメールを片っ端から開くのは、やめてしまいましょう。まず、タイトルだけを見て「どのメールだけ読むべきかを判断する」。これなら、「1判断」で済みます。そして、その結果として「このメールは読んだほうがいいな」と思うものだけ処理するのです。

もちろん、タイトルだけでは判断できないこともあるはずで、「放置していたら実は緊急の要件だった」ということもあるでしょう。それによって相手に迷惑がかかることもあると思います。でも、即レスにこだわって自分のアウトプットが低いものになってしまったら、結局は相手にも迷惑をかけることになってしまいます。

そして、朝には朝にしかできないことに注力する。私も**朝一番冴えている時間帯にはメール処理をせずに、コンテンツを作成したり、重大な決断をすることにしています。**

「朝、とりあえずすべてのメールを開く」という習慣を持っている人は、それをやめるだけで朝イチの集中力が違ってくると思いますよ。

☑ そもそも、メールを受け取らない

毎日数百件のメールを受け取り、朝まず処理をする人も多いと思います。

何度もお伝えしてきたように、人間の判断量には限りがあります。それは頭の良し悪しとは全然別の話です。判断量が増えれば増えるほど、脳は疲労し、その判断の質は落ちていきます。

200件、300件のメールを毎日処理するような人は、自分が本当に正しい判断ができているかを疑うべきでしょう。

メールが多すぎる人の特徴は、大きく分けて3つあります。

一つは、**「そもそも無駄なメールを山ほど受け取っている」**こと。実はそのメールの大半がメールマガジンやニュースの通知、定期的なレポートといったものに占められている場合があります。しかも、そのほとんどを読まずに消している。

でも、「そのメルマガを読むか、読まずに消すか」ということだけでも、脳の判断量

キャパの多くを消費してしまうわけです。ほとんど読むことのないメルマガやニュース通知、レポートは今すぐ解約してしまいましょう。

次に、**「無駄なメールのやり取りが多い」**人。たとえば、誰かとアポを取る際、

「アポをお願いします」↓「ＯＫ」

「いつ頃がいいですか？」↓「月末で」

「では、30日でどうですか？」↓「ＯＫ」

「30日の17時でよいですか？」↓「ＯＫ」

「場所はどこにしましょうか」↓「では、貴社で」


などというやり取りをしていたら、これだけで5本のメールが発生します。

たとえば、

「アポをお願いします。できれば月末に」↓「ＯＫ」

「では、30日17時に弊社でどうでしょう？」→「ＯＫ」

というやり取りにすれば、メールの数は半減するわけです。

そして最後に、実は意外と多いのが**「CC」**です。

会社のルールとして「チーム内でのやり取りはすべてＣＣをつけること」などと明文化されているところもあるため、自分の意思では減らせないことも多いのですが、それこそＣＣだけで１００通、２００通を超えるようなことがあります。

これは社内ルールである以上仕方がないことかもしれませんが、「このＣＣ、本当に必要？」という問題提起はできるはずです。せめて、「ＣＣは一日の終わりにまとめて読む」などのルールを決めておきたいところです。

あらゆる手を用いて**メールの絶対量を減らしていきましょう。**

☑ 迷ったら「新しいこと」を

判断の量を削減すると同時にやってもらいたいのが、「判断をなるべく自動化する」ということです。

私は、**「悩んだときにどうするかの判断基準」を決めておく**ようにしています。私の場合それは、**「新しいことをやる」**です。

「慣性の法則」というものがあります。これは端的に言えば、「パニックになったり、不安になればなるほど、いつものパターンに戻ってしまう現象」を指す言葉です。

たとえば、部門の業績が悪かったり、会社全体の売上が下がっているようなとき、今までのやり方が時代に合わなくなっているからそうなっているわけで、本来であれば「新しいこと」にチャレンジしなければ、業績回復は見込めないときがあります。

しかし、多くのケースではむしろ**「原点回帰」と称して過去のやり方に戻してしまうことが多い**のです。過去のやり方が間違っているとうすうす感じながらも、そのやり方から離れられないのです。そして、「昔はうまくいったのに、成功しないのはおかしい。現場ががんばっていないからだ」と責任転嫁してしまうのです。

でも、心の奥底では自分でも「間違っているかも」と思っているので、悩みは尽きません。そしてそれがまた、集中力を妨げてしまうのです。

だから私は**迷ったら「新しいほう」を選ぶ**ようにしています。新しいマーケティング戦略と過去のマーケティング戦略を比較し、その効果が同じくらいだということなら、新しいほうを選ぶ。行きたいお店が2件あって迷っているなら、新しいほうに行く。

大事なのは、「新しいほうを選ぶ」と決めていれば、悩みに余計な時間を割かなくてよくなることです。これが「**判断の自動化**」です。

私の場合は「新しいほうを選ぶ」ですが、別にそこは自分のポリシーに従えばいいと思います。あえて「今までやってきたことを選ぶ」でもいいですし、「最初に頭に浮かんだことを選ぶ」「早いほうを選ぶ」でもいいでしょう。

ここでお伝えしたいのは、「**迷う」ことこそが、集中の妨げになる**ということ。自分なりの指針を設けて、なるべく悩まないことが、集中力を高める近道です。

☑ タイミングを図る

「メール処理は頭が一番冴えている朝イチでやらない」という話をしましたが、実際には個人差があります。『When 完璧なタイミングを科学する』によれば、実際にはその人の体質によって、「ヒバリ型」（いわゆる「朝型」）、「フクロウ型」（いわゆる「夜型」）、さらには「第3の鳥型」の3つに分けられるとのことです（書籍に掲載されている簡単なアンケートに答えるか、ミュンヘンクロノタイプ質問紙〈https://mctq.jp〉にアクセスして回答すれば、どのタイプか見極めることができるそうです）。**ちなみに、それぞれの型によって「分析的作業」「洞察的作業」「感銘を与える」「意思決定を行う」のに適した時間帯がある**そうです。

一般的には早く寝て早く起きる生活が一番で、朝が一番冴えていると言われていますが、本当に自分にとっていいタイミングがどこかは、検討してみる必要があるかもしれません。たとえば、本当に朝が弱くて頭が働かない、というのなら、あえてメールチェックに朝イチの時間を充てるのもアリです。

身体のサインを見逃さない

☑ 10分に一度、立ち上がる

人間の集中力は10～15分程度しか持ちません。それでも、仕事を続けていると、そこには必ず何らかのサインが生じてきます。

たとえば、パソコンを開いて仕事をしていたのに、気がついたら別のことを考えていた。視線がつい、別のところに向いてしまっていた。これは明らかに「**集中力が切れたサイン**」です。また、身体がもぞもぞしたりするのもやはり、集中力が切れたサインです。

こうしたサインを感じたら、すぐに休憩してください。

ここで一番簡単な対処法は、その場で立ち上がって少し歩いてみることです。これだけでもリフレッシュできます。そのままお茶を飲みに行ったり、トイレに行ったり、顔を洗いに行くというのもいいでしょう。何でもいいのでインターバルを入れてください。

勝手に出歩くのが難しいのならば、背伸びしたり、席でできる簡単なストレッチをしたり、少しだけ目を閉じてみたり、深く深呼吸をするだけでも効果があります。

「10分に一度、そんなことをしていたらかえって集中できないのではないか」と思われるかもしれませんが、そんなことはありません。むしろ、集中できなくなっているのに、無理して「集中しなければ」と考えると、集中の質はどんどん落ちていきます。

集中力と生産性が上がる「ポモドーロ・テクニック」という方法をご存じでしょうか。

これは、「集中する時間」と「休憩時間」を繰り返すことで、仕事のペースを生み出す時間管理術の一つです。起業家、作家のフランチェスコ・シリロ氏が提唱しました。

やり方はとても簡単で、タイマーを25分セット、鳴ったら3〜5分の休憩を取る、4

〜5回に1回は、15〜30分の長めの休憩を取るというもの。これをタイマーで時間管理します。

☑ 30秒、目をつぶる

現代人の疲れの大半は眼精疲労といわれています。集中力の低下はこの目の疲れから来ている可能性があることは、ここまで何度もお話しした通りです。

そこで、**「集中力が切れた」と思った際、ちょっと目を休めてみてほしい**のです。

一番簡単なのは、少し目を閉じることでしょう。1分でも30秒でもいいので、じっと目を閉じる。そして再び目を開けると、驚くほどリフレッシュしていることに気づくはずです。遠くの景色を見ることもリフレッシュになります。

朝起きてすぐにスマホでニュースをチェック、そしてテレビをつけて朝の準備を行い、駅までの道でも信号につかまったときはスマートフォンを取り出す。電車の中では当然、スマホでニュースを見たり動画を見たりゲームをやったり。会社に着いたらパソコンを立ち上げて、メールの処理をしたり、報告書を作成したり、資料づくりに精を出す。ちょっと一服ということで、コーヒーや紅茶を飲むときも片手にはスマートフォン。得意先のプレゼンでも、パソコンをプロジェクターにつないで、参加者全員で画面を眺める。そして、1日の業務が終わって帰宅したあとは、リフレッシュということで、ドラマや映画を観て、就寝前には再びスマートフォンを眺めながら眠るに落ちる――。365日、1年中、こんな生活をしている人の目が疲れないわけがありません。

目を酷使するような環境にいる人はぜひやってみてください。

一番よくないのが、「よし、休憩しよう!」と言って、スマホでニュースを見たり動画を見たりすること。まだ音楽を聴くほうがいいでしょう。

☑「マルチタスク」を避ける

忙しいとつい、複数の仕事を同時にこなそうとしてしまいます。しかし、こうしたマルチタスクは集中力を妨げるだけでなく、実は脳にも大きなダメージを与えることがわかってきています。

一説によると、マルチタスクを続けることで脳へのダメージが発生してしまうといわれています。

この点で避けてほしいことがあります。それは、「会議や打ち合わせをしながら別の仕事をする」ということ。

以前は「内職」などという言葉がよく使われていましたが、特にリモート会議となると、画面の向こうの相手からは何をしているかがよくわかりませんから、別の仕事をし放題です。そのため、メールやチャットのチェックはもちろん、会議を聞きながら資料を作ったりする人もいるようです。

しかし、前述の理由からも、それは避けたほうがいいでしょう。脳への影響のことだけではなく、そもそも集中せずにこなした仕事はアウトプットも適当なものになってしまうからです。

また、テレビをつけながら、ラジオを聴きながらというのも、結局のところ、マルチタスクを自分に強いることになるため、おすすめしません。

マルチタスクとシングルタスク

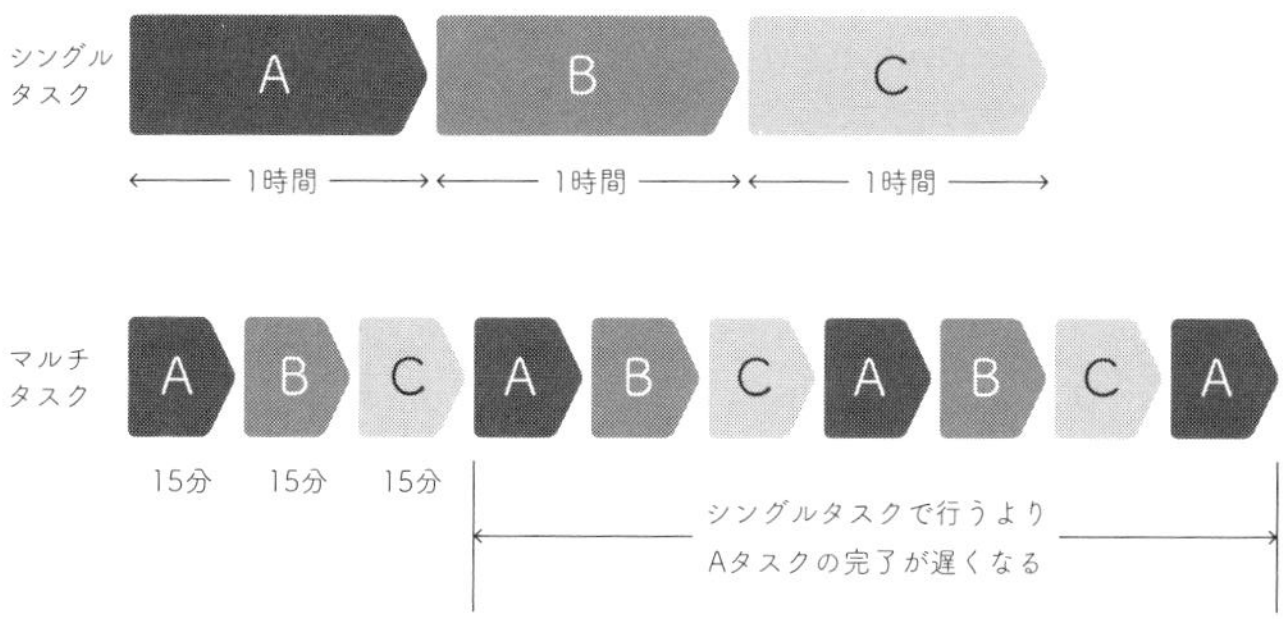

アメリカ心理学会によるいくつかの研究では、マルチタスクは非効率的で、シングルタスクに比べ40%も多く時間がかかると結果が出ています。

出典:株式会社ユーキャン マナトピ記事を元に作成

実は私も昔は「ながら」でさまざまなことを同時に行っていましたが、瞑想を学んで本当の「静けさ」を知ってからは、「ノイズがない」状態こそが集中には最適であることに気づきました。

「集中モード」に切り替える

☑ 集中のルーティンを作る

「これをしたら集中する」というルーティンを作るのも効果的です。

古典的な生理学の実験である「パブロフの犬」については、多くの人が知っていると思います。犬にベルを鳴らしてからえさを与えるようにすると、ベルの音を聞いただけで犬がよだれを垂らすようになる、というもので、いわば「条件反射」です。

その応用で、**「これをしたら集中モードに入る」という儀式を作っておく**のです。

有名なのは野球現役時代のイチロー選手です。バッターボックスでユニフォームの袖を軽く摘まみ上げ、バットをかざすルーティンが有名ですね。イチロー選手の場合、毎朝カレーを食べるなどさまざまなルーティンを持っていたことが知られています。
私が知っている一流の人の集中ルーティンは、以下のようなものがありました。

- 朝起きたら、必ずベッドの右サイドから足を下ろして立ち上がる
- 仕事前にはクイーンの『We Will Rock You』を聴く
- スマホをかばんにしまって、隠す

これほど大げさなものでなくても、「コーヒーを飲む」「声を出す」など、簡単なものでもいいでしょう。自分に合ったものなら何でもOKです。

私の1日のルーティンについては第5章でご紹介しますが、ここでは一つだけ。毎朝、**TODOを「手書きで」書き出す**のです。

こうすることで集中モードへのスイッチが入ります。

面白いもので、これがデジタルだとどうもスイッチが入らないのです。私も普段のスケジュール管理にはデジタルを使っていますが、この「毎朝のTODO」だけは欠かさないようにしています。

また、終わったときに、横線で消すときの快感はなにものにも代えがたいものです。次の仕事への集中力も高まる気がしています。

☑ 締め切り効果で集中する

無理な集中は意味がない。とはいえ、ときにはどうしても集中しなくてはならない場合もあるでしょう。そんなとき、強制的に集中力のスイッチを入れる方法があります。

それは、**「締め切り効果」**です。特に、**短時間の設定を行うことをおすすめします**。

「これは1時間以内に行う」「これは5分以内に終わらせる」など、あえて締め切りの時間を設定するのです。そして、実際にその時間でその仕事を終わらせようとする。

長期の仕事については、その仕事を細かいタスクに分けて締め切りを設定するといいでしょう。

「1カ月後の資料提出」ならば、「1週間で仮説を設定」「今日中にアイデア出し」「この1時間であの資料を読む」などです。

こうすると、集中力が高まるだけでなくアウトプットの質も高まることが多いのです。よく、「仕事は忙しい人に頼め」と言われるのも、忙しい人は次から次へと締め切りを設定して、短期間に集中する術を知っているため、安定的に高いアウトプットを出せるからです。

ただし、締め切り効果を活用しつつも、「休息」はしっかりとって疲れないようにすることが大切です。

もちろん、物事を計画的に、一歩一歩進めたい性格の方（コツコツ型）の人には逆効果になることもあります。

ちなみにこの締め切り効果を最大限利用した（と思われる）のが、「マンガの神様」と呼ばれる手塚治虫さんです。常に締め切りに追われており、手塚さんの仕事場には原稿の催促をする編集者がひっきりなしに訪れていたそうです。空港まで追いかけてきた編集者に「あとは、飛行機の中で描くから」と言って、海外へ旅立ったというエピソードすらあるそうです。

期限を決めることは、アイデアを出すときに活用する**「枠の設定」**という手法と共通するアプローチともいえます。アイデア出しでも、「なんでもいいから考えて」と言われると難しいけれど、「40代男性のビジネスパーソン向けにお菓子を考えて」と具体的な枠が設定されるだけで、次から次へとアイデアが出てくることはよくある話です。つまり、「思考の枠」も「締め切り」も、「範囲」「時間」を限定されることで、一気に集中力をアップさせる手法なのです。

☑ 何かを極めるという意識を持つ

「負けたくない」という競争心が集中力を高めてくれることがあります。

些細な例で恐縮ですが、「会議で一番グッとくるプレゼン資料を作るぞ」と思うと、集中力が高まります。過剰な競争心はマイナスにもなりますが、ある程度の「競争心」は集中に効果があると言えるかもしれません。

もっといえば、「競争心」から一歩前進して、「何かを極めたい」と思う気持ちが湧いてきたらしめたものです。たとえば、大谷翔平選手の振る舞いを見ていると、「誰かを押し退けてナンバーワンになりたい」というよりは、「自分が理想とするプレイをしたい」気持ちが強いように感じられます。

実際、マッキンゼーの優秀な先輩たちもそうでした。ナンバーワンを目指している人よりも、オンリーワンを磨いている人のほうが強く、しなやかに見えたものです。私もある時期から基準を「他人」に設定するのをやめました。

このことは日々の仕事にも当てはまります。たとえ退屈に感じられる事務仕事であっても、「誰かに認められたい」という承認欲求をドライブにするのではなく、「自分はこの仕事のプロだから、時間までにしっかりと仕上げよう」という意識をもって取り組んだほうが、集中力が高まり、よいアウトプットを出せるはずです。

☑「魔法の質問」を問いかける

集中力が切れてきたなと思ったとき、ぜひ自分に問いかけてほしい**「魔法の質問」**があります。それは、**「今、自分が最も フォーカスすべきことは何か」**です。

集中力が切れてしまっている理由の一つは、頭の中がさまざまな雑念で支配されてしまっているから。だからこそあえて、「今、これだけをやる」と決めて、集中力を高めるのです。

「今」という言葉の代わりに、「時間」を入れるのもいいでしょう。**「この10分で最もフォーカスすべきことは?」「この1時間で最もフォーカスすべきことは?」「今日一日で**

最もフォーカスすべきことは？」などです。

私はこの質問を「魔法の質問」と呼んでおり、これを集中以外のさまざまなところで役立てています。

たとえばあるプロジェクトを進めるにあたって、「これはプロジェクト全体にとって最も必要なことか」などと自問自答します。こうすることで、目先のことから離れて長期的、俯瞰的な視点からプロジェクトを見直すことができます。

あるいは、「自分の人生を考えたときに、いま最もすべきことは何か」と自問自答することもあります。

私は「未知のものを学ぶこと」や「最新のガジェットを使うこと」が大好きで、ついついいろいろなことをやってしまいます。しかし、人生という時間は無限にあるわけではありませんので、「自分の人生のゴールに必要なことは何か」という問いを自分によく投げかけているのです。

また、私は特に若いころ、他人や組織、社会の評価を気にしすぎる傾向がありました。そのため、必要以上に評価を意識してアクションしそうになったときは、私の人生における指針の一つである「進化を促進する」ことに役立つか否か、自分自身に問いかけるようにしています。

魔法の質問というのは、究極的には生き方を問うものでもあります。何を目標として生きていくのかがはっきりしなかったり、人生の方向転換を図っているときなどは、じっくりと時間をかけて「自分は何をしているときが一番楽しいのだろうか」「自分にはどんな才能があるのだろうか」という問いを自分に投げかけてみて、ご自身なりの「魔法の質問」を見つけてみてください。

すると、より自分の納得のいくことにフォーカスするので、その結果集中力も出しやすくなります。

☑ アウトプットイメージを明確にする

たとえば10分なら10分、30分なら30分、集中して何かをやるとしましょう。その前にぜひ、やってほしいことがあります。それは**「アウトプットをイメージすること」**です。

もう少しわかりやすく言えば、「10分後、自分はどうなっているのか」をイメージする、ということです。

「30分でこの書類を書き上げる」ならば、「30分後、書類を書き上げてメールで送りホッとしている自分をイメージする」。

「10分で身支度をして家を出る」なら「10分後、さっそうとドアを開けている自分をイメージする」といったもの。そのときの自分の姿がビジュアルでイメージでき、かつ、そのときの感情まで思い描くことができればベストでしょう。

「アウトプットをイメージする」というのは、そもそもコンサルティングにおいて、「質の高いアウトプットを出す」ための超基本でもあります。

たとえば、本書のテーマは「集中」です。そして、そのアウトプットイメージは**『自分は集中力がない』と自信をなくしていたり、罪悪感を抱いている方が、『これな**

ら自分にもできそう』と喜んでいる」というイメージです。それがあったからこそ、こうして無事に発刊できているのです。

もし、そこが不明瞭で、「集中の話だけでなく、ロジカルシンキングの話とか、企画書の作り方も入れてはどうだろうか」というような、ぼんやりしたイメージだったなら、読者のみなさんも混乱するような内容の本になっていたでしょうし、そもそも発刊まで辿り着けなかったかもしれません。

よく話題になる、「何も決まらない会議」もまた、最初にアウトプットイメージがないからです。「今日は何のための会議で、ここまでのことを決定する」という明確な目標がないため、「ああでもない、こうでもない」となんとなく議論することに終始して、時間切れになってしまって、「ではまた次回」と意味もなく先送りしてしまうのです。

料理をしていて、適当に材料を切ったり炒めたりしているうちに、ちゃんとした料理ができるなんてことはありませんよね。「カレーを作ろう」という明確な目標があるからこそ、料理が完成するのです。

このようにアウトプットイメージを明確にすることで、進む方向に向かってのアクションに集中する力が高まります。

集中する直前、ぜひ「それが終わった後の自分」をイメージしてみてください。

☑ あえて短い時間でやってみる

「集中しない集中」を提唱している本書ですが、それでも仕事が溜まりに溜まり、どうしても集中しなくてはならないこともあるでしょう。

その際には先に記述した**「締め切り効果」**を使うのがおすすめです。それも、あえて「自分を追い込む締め切り」を設定するのです。

今日の17時までに完成させなければならない資料があるのなら、あえて「16時までに完成させる」という締め切りを設けてしまう。さらに、上司に「16時に提出します」と宣言する。こうなるともう、やらざるを得ません。

では、短い時間でやることでアウトプットの質が落ちてしまうかというと、私はむしろ逆だと思っています。大切な案件であればあるほど、「じっくりと検討する時間を確保しよう」と考えがちですが、私はこの発想には賛成できません。じっくり考えることでよいアイデアが浮かんだという経験はほとんどありませんし、そもそも、「じっくりと検討する時間」が確保できれば世話はありません。

そんなときはあえて、「あと1時間でアイデアを出そう」と自分を追い込んでしまいます。すると不思議なもので、今まで数週間考えても出てこなかったアイデアがどんどん出てくるものです。

ちなみに私はこの「締め切り効果」を最大限に活用しています。日々、さまざまな締め切りに追われていますが、あえてギリギリまで待ってから始めることが多々あるのです。こんなことを本に書くと、「大嶋は直前にしか作業をしていないのか」とお叱りを受けそうですが、実際、そのほうがよいアウトプットが出ることを経験済みですので、これからも大手を振って、締め切りぎりぎりに集中してやるつもりです。

ここでのポイントは先述した「**イメージを描く**」ということです。ただ闇雲に時間を短くするのではなく、「1時間後にどんな状態になっていたいか」をイメージしておくのです。

リーダーは知っておきたい「チーム」としての集中

☑ 集中は「同期」する

仕事でもスポーツなどのプライベートでも、もしあなたが何らかのチームを率いているとしたら、ぜひお伝えしたいことがあります。それは、**「チームにも集中力がある」**ということ。

ここでご紹介したいのが、東北大学が世界で初めて明らかにした「チームが『ゾーン』に入ったときの脳活動」についてのリリースです。

――チームフローの状態では中側頭皮質で、ベータ波とガンマ波が増加していることが判明しました。また、チームフロー状態では通常のチームワーク状態に比べて、チームメイトの脳活動がより強く同期することもわかりました

（https://www.tohoku.ac.jp/japanese/newimg/pressimg/tohokuuniv-press20211006_02web_team.pdf）

このような「チーム全体がフローに入っている」状態になれば、生産性が高まることは言うまでもありません。実際、チームスポーツではときに「心が一つになっている」という感覚を得られるものですが、それを「脳」の観点から明らかにしたのが、東北大学の研究です。

そしてこれは仕事のチームにおいても同様です。私もこれまで5000チーム以上を見てきましたが、「このチームは集中しているな」と感じるときは、メンバーの言動があたかも一つの脳のように同期して、効果的な議論をし、行動をしていました。私自身、フロー状態のチームに参加した経験があり、そのときにはお互いの意識や思考――何をするか、他のメンバーがどう反応するか――が散漫になっていませんでした。結果、チームの生産性が圧倒的に高かったのを覚えています。

では、どんな行動がチームの集中力を高めるのか。東北大学の知見と私の経験からいくつかご紹介したいと思います。

まず、有効なのが**「行動を同期させるルーティン」**です。

たとえば「昭和のルーティン」として知られている「朝礼」「ラジオ体操」「社歌を歌う」などは、行動を同期させるという意味では実はとても効果的です。今の若い人には受け入れられないかもしれませんが、実際にはベンチャー企業でもこうした活動をしているところはあります。

その意味では、コロナ禍で一気に浸透したリモートワークは、チームとしての集中には不向きと言わざるを得ません。現在はコロナ禍も明け、再び出社する会社も増えましたが、在宅でもよいと勤務スタイルの選択肢を増やした会社もあります。毎日全員が出社といかなくても、たとえば週に一度、月に一度は集まって何か同じことを全員でやる、という施策が必要かもしれません。

特別なことをしなくても、出社して周りの人と一緒に働いているという感覚を持つことも十分**「行動の同期」**になります。

私も学生時代、家で勉強するより塾の自習室で周りに人がいる中で勉強したほうがはかどったものですが、これも行動の同期だったのだと思います。ちなみに先日見たあるニュースで、「受験勉強をする際、手元だけをお互いに映して共有している」というものがありました。Z世代もやはり、自分なりの方法で行動の同期を図っているのだなと感じました。

☑ チームの力を発揮するための「前提条件」

もう一つ、**「明確な目標を示す」**こともまた、チームの集中力アップには欠かせない要素です。

「10分後のアウトプットをイメージする」という話を前にしましたが、そのチーム版です。

たとえば、スポーツは「勝つ」という目標が明確なので、チームとして集中状態に入りやすいともいえます。もちろん、仕事にも本当は目的があるはずなのですが、日々の仕事に追われているうちに、「何のために働いているんだっけ？」とか「この仕事をやることで、本当に売上は上がるのか？」「世の中のためになっているんだろうか？」というような、疑問、雑念が浮かんでしまうことがあります。逆に言えば、**そうした集中を妨げる要素を排除し、スポーツのチームと同様に明確なアウトプットをリアルにイメージさせる**ことができれば、チームの集中力は格段に高まるはずです。

☑ ハイブリッド型の働き方に最適解を求める

リアル出社とリモートワークを使い分ける「ハイブリッド型」の働き方が課題となっているのは、日本だけでなく、アメリカなどの海外でも同じです。

米ダラス連銀は30日、新型コロナウイルス禍を受けた在宅勤務の増加で、米大都市での生産性が相対的に低下しているとの分析を示した。在宅ではアイデアの交換や人脈づくりが難しくなっているためだ。（中略）在宅勤務は通勤コストの削減や、家族や友人と過ごす時間の増加などメリットも注目されてきた。一方で、多くの企業は生産性の向上へオフィス勤務を重視しており、今回の研究が働き方を巡る議論に一石を投じる可能性もある（『日本経済新聞』2022年9月2日）

同じく『日経新聞』（2022年6月7日）の記事で、ジャパン・インターカルチュラル・コンサルティング社長のロッシェル・カップ氏の指摘も示唆に富んでいます。

アップルと同様に米グーグルも4月から週3日の出社を義務付けた。一方、米メタは社員がいつまでもリモートワークを申請できるようにしており、アマゾン・ドット・コムは個々のチームに決定を委ねている。

従業員をオフィスに呼び戻すために、いくつかの企業は特典を増やしている。JPモルガン・チェースはニューヨークの最新鋭のグローバル本社を公開したが、ヨガやサイクリングルーム、瞑想（めいそう）スペース、アウトドアエリア、フードホールなど、シリコンバレー企業を思わせるアメニティが備わっている。

ハーバード・ビジネス・スクールの新しい研究によると、ハイブリッドワークには「スイートスポット」が存在する。週に1〜2日の在宅勤務は仕事の成果物の新規性と仕事に関するコミュニケーションの両方を増加させる可能性があるそうだ。その研究者によると、「ハイブリッドワークは、同僚から孤立する心配がなく、ワークライフバランスをより良くすることで、どちらとも両立させる」ことが示唆されたそうだ

リモートワークが広まる中、チームの集中力をどう高めるかは非常に大きな問題ですが、それを実現することができれば、競争力にもなる、ということだと思います。

第４章のまとめ

- ☑ 集中できない（集中が切れた）と感じたら、無理に集中しようとしないほうがいい
- ☑ アナログ、デジタルのどちらでも自分の頭に入ってきやすい方法でやるべきことを書き出す
- ☑ １人になる時間を、１日に一度必ず作る
- ☑ 必要なものと不要なものを見極めて、判断しなければいけない量を減らす
- ☑ 体が出す、「休息のサイン」を見逃さない

第5章

大嶋流「集中」のすごい仕組み

1日の過ごし方編

朝・昼・夜のルーティンを持つ

朝のルーティン

☑ 起きてすぐにスッと集中モードになるために

前の章でもお話ししましたが、一日を集中して過ごすためには「ルーティン」がとても重要です。

ここからは、私の毎日のスケジュールを例にして、「集中」を軸に一日の流れを考えてみましょう。

何よりも**重要なのは一日の始め方**です。就寝モードからスッと活動モードに入るために、毎日、同じような朝のルーティンを決めておくのが効果的です。

私の朝のルーティンは以下になります。

①起床
②顔を洗い、舌をクリーニングし、歯を磨く
③オイルマッサージをして、お風呂に入る
④簡単なヨガを行う
⑤20分、瞑想する

まず、身体を軽く動かしてから（ヨガ）、心を整える（瞑想）というルーティンです。これを行うことで、就寝モードから自然と活動モードに切り替わるのを感じます。

ヨガは、紀元前４５００年ごろから行われてきた真理に目覚めて人間として正しい生き方をするための方法と考え方になります。ヨガにはさまざまな種類（流派）と方法がありますが、ポーズを取りながら呼吸を整えることで、エクササイズ効果と集中力を高める効果が期待できます。

もっとも、本格的なヨガなどではなくても、簡単なストレッチだけでも十分、効果が期待できると思います。就寝時に凝り固まった体をほぐし、柔軟性を取り戻すことで、身体が活性化されるとともに、自然な姿勢を維持できるようになると言われています。ヨガやストレッチは朝だけでなく、仕事の合間やお風呂上がりなどにも効果的です。

余裕があればその後、散歩をするのもおすすめです。運動不足の解消にもなりますが、何より重要なのは**「朝の空気を吸うこと」**。インドの伝統的な医学「アーユルヴェーダ」では、朝、日の出の瞬間はエネルギーにあふれていると言われていますが、早朝の空気は澄んでいて、歩いているだけで得した気分になれます。

瞑想についてもさまざまな流派がありますが、楽な姿勢で座り、目を閉じて、ゆったりと呼吸するだけでもいいでしょう。

朝、バタバタと支度をして家を飛び出る、という方も多いと思いますが、オフィスについてからもしばらくの間、仕事に集中できないのではないでしょうか。朝のこのルーティンが、結果的に一日の生産性を高めます。

☑ ノイズを減らす

朝のルーティンで私が大事にしているのは、**「ノイズを減らす」**ということ。
たとえば、私はほぼ毎朝、「ご飯とお味噌汁と納豆」という同じメニューの朝食をとっています。これは、「何を食べようか」について迷うという「ノイズ」を発生させないためです。家族の朝食を準備しなくてはならない場合も、できるだけ同じものにするか、1週間の朝食メニューのローテーションを決めておくといいでしょう。

また、人によっては毎日の服装選びが「ノイズ」になるので、私は着る服のローテーションも事前に決めて、迷わないようにしています。

そして、ぜひやってみてほしいことがあります。もしあなたが毎朝、「とりあえずテレビをつける」という習慣を持っているとしたら、一度やめてみてください。「なんとなくつけているだけ」でも、実際には脳がテレビからの情報を拾ってしまいます。それがノイズになるのです。

ノイズを減らすということは、前述した「判断量を減らす」ということでもあります。「朝、何を食べようかな」ということですら、判断量を消費してしまいます。なるべく**何も考えずに自動的に準備ができる状態に持っていく**のがベストです。

☑「出勤」する

コロナ禍で一気に広まったリモートワーク。週の半分くらいは在宅でリモートワーク、という人も多いでしょう。私も週3日くらいは在宅にて仕事をしています。

在宅勤務の難しさは「スイッチの切り替え」です。プライベートモードから仕事モードへの切り替えが難しく、仕事に集中できないのです。

そこで、私がこだわっているのが**「服装」**と**「場所」**です。

まずは**「服装」**。寝巻のまま仕事をする人がいますが、これは、頭の切り替えができないという意味でやめたほうがいいと思います。かといって、会社に行くときと同じビシッとした服装にする必要があるかというと、疑問です。

私がおすすめしたいのは、**「着ていて何のストレスもない服装」**です。人によっても異なるとはと思いますが、ある程度ゆったりした、身体が快適に感じる服装ということになるでしょう。私自身、そうした服を用意して、毎朝それに着替えてから仕事に入ることにしています。着替えが集中力を高めるためのスイッチになっているのです。

そしてもう一つが、**「場所」**。

実は私は仕事用に一つ、部屋を用意しています。その部屋は仕事以外には使わないようにしています。

そして、毎朝その部屋に「出勤」します。その部屋に入ることで「仕事モード」に自然に切り替わることになるのです。

フリーランスで仕事をする一流の人の多くに話を聞いても、このように**「生活の場と仕事の場を分ける」**人がほとんどのようです。わざわざ近くに別オフィスを借りている人も多くいます。

やはり「通勤」というひと手間は、集中のスイッチの切り替えには重要な役割を果たすようです。

ちなみに昨今の新築マンションの中にはワーキングスペースを別途設けているものも増えているようです。同じマンション内に「出勤」することで意識も切り替わるという効果もありそうです。

もちろん、なかなかそうした環境を準備できない人も多いと思います。そういった人は最近広まりつつあるシェアオフィスを利用したり、居心地の良いカフェを利用してもいいでしょう。

私自身は周りの人の声がノイズになるのであまりカフェで仕事をするのが好きではな

いのですが、むしろ適度な周囲のざわめきが集中力を高めるという説もあります。

☑ 朝イチでパソコンを開かない

オフィスであろうと在宅であろうと、「出勤」したらまず、多くの人は「パソコンを開く」という作業をするのではないかと思います。そして、ほとんどの人が最初に「メールやチャットを開く」はずだと思います。

一度、そのルーティンをやめてみてください。

出勤してもパソコンは開かない。その代わり、ノートやメモ帳などを取り出します。そして、今日すべきことを書き出してみてください。いわゆる「ＴＯＤＯ」です。

私はこの**ＴＯＤＯの書き出し**を毎朝、手書きで行っています。そのほうが頭に入ってくる気がするからです。もちろん、デジタルメモでもいいのですが、一度は手書きを試してみてもらいたいと思います。

ＴＯＤＯを書き出すと、**今日すべきことが可視化できます**。すると、今日の自分の仕事をイメージすることができます。

集中力を高めるにあたって重要なのは**「ゴールイメージを描く」**こと。朝一番にTODOの書き出しを行うこととはまさに、このゴールイメージを書き出すことなのです。

また、TODOを書き出すことで、「どれを優先的に行うべきか」という問いが自然と発生して、今やるべきこと、最も重要なことが何か、を把握しやすくなります。仕事の効率も自然と高まるでしょう。

ここで書き出すTODOは基本的には今日一日でやることですが、週に一度、あるいは月に一度などのペースで、より長期的な目標を書き出す時間を設けてください。

場合によっては「人生で何を成し遂げるか」という最終ゴールを描いてみてください。そうすれば、「明後日以降の仕事ではなく、明日の商談のために必要なことをしなければならない」という短期的な価値判断だけでなく、「緊急ではないけれど、自分の人生の目標に照らせば、いま、この仕事をやっておいたほうがいい」という答えに辿りつくことができるようになります。

私自身は、**月単位、年単位でゴールイメージを作成する**ようにしているため、「7月の目標を達成するには何を優先的にやるべきか」「2023年のビジョンを達成するために必要なことは何か」といった問いを常に自分自身に投げかけています。

ちなみにあなたがリーダーのポジションにいるのなら、メンバーにもこのTODOを書き出してもらうとよいでしょう。

☑「アナログ時計」をセットする

私は朝の仕事始めにもう一つ、やることがあります。それは**「アナログ時計」**を机にセットすることです。

昨今は携帯やスマホを時計代わりにする人が多いと思います。ただ、集中力を高めるという意味では「アナログ時計」をぜひ、おすすめします。私の机の上には丸いアナログ時計が置いています。

CASIOのサイトに「アナログ腕時計は、指針の方向や角度から直感的に時刻を把握しやすいです。また『12時まであと45分』といった時間の計算が即座にできる点もメリットでしょう」とありますが、これこそまさにアナログ時計を使うメリットです。

つまりこれも「締め切り効果」なのです。締め切りを常に直感的に把握できることが、アナログ時計の利点です。

もちろん、デジタル時計でも締め切りは把握できますが、たとえば14時が締め切りだとすると、「13：25」と表示されていたとして、残り時間を把握するまでに一瞬のタイムラグが生まれます。そのタイムラグが集中を妨げてしまうのです。

常に目にするものだからこそ、形にもこだわっています。私の時計は丸みを帯びた形状のもので、これは、私の場合、「角」がノイズに感じられてしまうためです。色や形など、自分に合ったものを選ぶといいでしょう。

TODOを書き出し、時計をセットしたら、やっとパソコンを開きます。そして、仕事を始めれば、頑張らなくても自然と集中モードに入ることができるはずです。

☑ 朝イチにアポを入れて、サボれなくする

どんなにルーティンを整えても、朝、どうしてもエンジンがかからないという人がいます。どうしても朝が弱いという人もいるはずです。

そんな人にご紹介したいちょっとした「荒療治」があります。それは**「朝イチでアポを入れる」**こと。

これは実際に私の知っているある方がやっていることです。その方はあらゆるアポをできるだけ朝イチで入れることで、強制的に「仕事モード」に切り替えるのだそう。前の日はちょっと憂鬱とのことですが、朝イチのアポが終わった後は一転、爽快な気分で仕事に集中できるのだそうです。

「人と会う」という予定を入れることで朝の集中のスイッチを強制的に入れているわけですね。自分自身に甘い人も、「人に迷惑をかけられない」と思えば、**スイッチを入れざるを得なくなる**、というわけです。

この「アポイント効果」は別に朝イチだけでなく、あらゆる場面で使えます。

たとえば、どうしても今日中に仕上げて取引先に提出しなくてはならない資料があるとしたら、先に取引先とのアポをセッティングしてしまうのです。たとえば、「16時に打ち合わせ」となったら、もうその時間までに仕上げざるを得ません。

誰もがいつも「時間が欲しい」と思っていますが、実際に時間が生まれてヒマになると、あり余った時間を持て余してしまい、集中できなくなる傾向があります。「今日は何の予定も入っていないので、やりたいことをやるぞ！」と思っていたら、いつのまにか夕方になっていた……そんな経験を持つ人もいるのではないでしょうか。アインシュタインが時間のスピードとは主観的にとらえられるものであると言っている通り、集中の度合いで時間が伸びたり縮んだりする現象に、私は何度も遭遇したことがあります。

これもまた、集中しようと思っても集中できないのと同じことです。ならば、相手のいる「アポイント」をうまく活用して、集中モードを作り上げるというのは、理にかなった方法に思えます。

ちなみに、休日に関して「あれもやろう、これもやろう」と思っていたら夕方になってしまっていた……という話もよく聞きますが、私はそれについては「休日とは休む日なのだから、それでいい」と割り切るようにしています。いわば**「積極的に何もしない」という休養**ですね。

集中が大事とはいえ、休日まで集中モードを崩さないのでは、疲れてしまいます。

昼のルーティン

☑ 仕事は細切れで進めていく

私は今、コンサルティング、書籍の執筆、研修、事業会社の仕事など、いわばマルチタスクで日々動き回っています。いろいろなものに同時に手を出すのは「集中力」という観点ではご法度のはずですが、実際には15分、30分単位で仕事の内容を切り替えることで、かえって集中力が高まってくるから不思議なものです。

一日のスケジュールを立てるにあたり、多くの人は「午前中にAを終わらせて、午後は15時までにBを終わらせて、その後Cを……」などというスケジュールを立てがちです。でも、そこであえて30分刻みで、いろいろな仕事を入れてみてはいかがでしょうか。

たとえば、以下のようなスケジュールです。

- 10時〜10時30分　プレゼン資料Aの下書きの作成
- 10時30分〜11時　明日の研修の準備
- 11時〜12時　Cに関するリモートでの打ち合わせ
- 13時〜13時30分　プレゼン資料Aの完成
- 13時30分〜14時　明日の研修の準備（続き）

それぞれの**予定の間には2、3分のブレイクタイムを挟む**といいでしょう。

休みを入れると、「そんな細切れの時間では落ち着いて仕事ができない」と思うかもしれませんが、1時間、2時間といった時間に「落ち着いて」何かをしようとすると、必ず中だるみします。

むしろ、短く時間を区切ることで集中力を高めるとともに、仕事内容を変えることで「中だるみ」を防ぎます。30分単位ではなく、15分単位でもいいでしょう。

さらに言えば、予定通り仕事を進めていて「どうも気分が乗らないな」というときは、別の仕事をしてしまうのもアリです。たとえば、研修のスライドづくりに行き詰まったら、書籍の執筆をやってみるといった具合です。

☑ 心を鎮めて集中力をアップさせる「ハーブ」と「アロマ」

休憩は適宜取るようにします。仕事と仕事の合間はもちろんですが、「集中できなくなってきた」と感じたら、その場で休憩を取ってしまったほうがいいでしょう。休憩といってもちょっと立ち上がって伸びをしたり、座ったまま軽く目を瞑ったりするくらいでOK。眼精疲労がひどい方は、目の周りのマッサージなどもいいです。アスレチックトレーナーの山田知生氏は、目の周りの筋肉をほぐすと、目がすっきりすると言っています。（『スタンフォード式疲れない体』サンマーク出版）

飲み物をとるのもおすすめですが、コーヒーなどのカフェインはとりすぎると体に良くないと言われています。私が飲んでいて、おすすめもしたいのがハーブティー。カフェインレスでしっかりリフレッシュできます。消化を助けるミントティーや、リラックス効果のあるカモミールティーなど、効果で使い分けることができるのも便利です。

ハーブと併せて、アロマを活用するのもおすすめです。アロマにはさまざまな種類があります。**中でも私が集中したいときに使うのは、ローズマリーやレモンの香りです。**

また、少し落ち込んでいるときは、柑橘系のアロマを積極的に使います。あとは、眠気を覚ましたいときは、ミントの香りも有効です。ちょっと値が張りますが、インドの聖者も使っているという「サンダルウッド」は、休憩や瞑想の際に最適なアロマです。

最近の休息時の私のお気に入りアイテムは、ローズウォーター（バラ水）です。バラにはクールダウンさせる効果があると言われているので、バラ水を顔に吹きかけたり、ティッシュに含ませて目の上に置いたりしています。

自宅ならアロマディフューザーなどを使ってもいいのですが、会社内ではなかなかそうもいきません。小さな瓶入りのアロマを用意して、気が向いたときにさっとかいだり、ティッシュに少し垂らし、ときどき香りをかぐだけでも十分効果を実感できます。

どんな匂いを「いい匂い」と感じるかは人それぞれですから、まずはご自身が「この匂い、いいかも!」と思えるものを探すことからスタートしてみてください。

☑ 一瞬、全力で身体を動かす

私の部屋には「**サンドバッグ**」があります。以前、筋トレの一環でボクシングを習ったことがあり、そのときに手に入れたものです。

そして、集中が切れたな、と思ったらおもむろにグローブをつけてサンドバッグを叩くのです。ほんの数回だけでも気分が一新され、再び集中して仕事に戻ることができます。

現代人はこのように、「思い切り身体を動かす」ということをあまりしていないと思います。これは、「同じ姿勢でずっと座り、パソコンを見つめ続ける」というのと対極の行動ですが、だからこそ気分が一新されるのだと思います。

別にサンドバッグではなくても結構です。私の周りで多いのは**「水泳」**です。

私もマッキンゼー時代には同期と一緒に週2〜3回ほど水泳に行ってました。水泳は全身運動なので効果が高いうえに、結構きついので余計なことを考えるヒマがなく、結果として思考をクリアにすることができます。かつての私のように仲間と一緒に行くようにすると、習慣化しやすくなると思います。

また、「大声で歌う」という人もいます。自分なりに「思い切り身体を動かす」場を持つといいでしょう。

ただし、仕事中は、集中力を回復するための運動はほんのわずかな時間で行うべきだと思います。

☑ 歩き回り、人と話す

しばらく在宅勤務などをしていると、「人と話すことって本当に大事なのだな」と痛感します。頭の中に溜まりがちなモヤモヤしたことを吐き出すことでスッキリし、集中力も回復します。

最近はほぼなくなってしまいましたが、かつてあった「タバコ部屋でのコミュニケーション」にも、一定の効果があったのかもしれないと思います。

出社して周りに同僚がいるような環境なら、折に触れて会話をすることをおすすめします。

その意味でおすすめなのはやはり「**歩き回る**」ことです。同じように歩いている人と目が合って会話が始まることもありますし、声をかけられることも。忙しい人はあえて話しかけてくることはないでしょうから、周りに迷惑をかけることもありません。

「MBWA（Management By Walking Around）」という言葉があります。いわば「**歩き回るマネジ**

メント」。マネージャーが現場を歩き回ることでコミュニケーションを図ったり、リスクの芽を早期に発見できるということです。これはＭＢＡでも習うような立派な経営学の手法です。

同じように、オフィスを歩き回ってみましょう。ほんの数分でもそれがリフレッシュとなり、集中力も回復するはずです。

☑ 予定の余白を意識する

マッキンゼーのある尊敬する先輩の時間の使い方でとても印象に残ったことがあります。それは、**「余白」の時間を必ず設ける**、というものです。

具体的には、その先輩は「金曜日は仕事をしない」と決め、実際、仕事を一切シャットアウトしていたのです。

もちろん、遊んでいるわけではなく、コンサルティングのために必要な知識を身につけるために、経営の本を読んだり、ファイナンスの本を読んだり、マーケティングの本を読んだりしていました。

それ以来、私もスケジュールにあえて「余白」を入れるようにしています。

たとえば、スケジュールの合間に30分ほど、まったく予定を入れないでおく。無駄な時間に思えるかもしれませんが、実際にはむしろ前後の時間の集中力が高まるのを感じます。

この余白は、突然のトラブル対応や、予定通りに仕事が進まなかったときのバッファーとしても活用できます。実際にそうなることはあまりないのですが、それが心の余裕につながるという効果もあるようです。

☑ ひたすらペンにこだわる

マシンのように高速でパワポの資料をつくるマッキンゼー時代の先輩を筆頭に、仕事が速い人たちは「道具」にもこだわっていました。

たとえば、ある人はとにかくホワイトボードを使っていました。聞き取れないくらいの音量で何かをつぶやきながら一心不乱にホワイトボードに文字を書き続け、答えを導き出す姿を何度も目撃しました。

また、自分好みのペンとノートを使って、書き殴ることで考えをまとめる人もいました。実は私もその人を真似て、建築家が製図に使うペンを購入してからというもの、格段に集中力がアップしたと感じています。ちなみに、今はピンク色のペンを使っていますが、シャーペンであれば、HやHBではなく、Bや2Bなど濃いほうが書きやすいのでおすすめです。ノートの好みは人それぞれですが、私はキャンパスノートの横罫、ドット入りを使っています。方眼ノートのほうが書きやすいという人もいますが、私は縦罫を邪魔に感じてしまい、いまいち集中できないので、横罫(ドット入り)一択です。

「使いやすい道具を選ぶ」ことも、ノイズをなくし、集中力を高めるのに重要なことです。

☑ 疲労を感じたら瞑想をする

いくら「集中しすぎない」ことを意識していても、やはり夕方頃にはそれなりに疲れているものです。

そこで私は**夕方に再び、20分間の瞑想をする**ようにしています。静かな場所に座って目をつぶり、瞑想します。実際にやってみると、思った以上に疲れている自分に気づくとともに、終わった後は集中力が一気に回復しているのを実感します。

ただ、瞑想する場所がなかなか取れないという方もいるでしょう。そういった場合は、どこでもいいので軽く目をつぶるだけでもOKです。たとえばタクシーでの移動中やカフェなどがおすすめです。

とはいえ、やはり夕方以降は判断量も使い果たしてしまいますので、集中を維持することは簡単ではありません。たとえば10時ごろに仕事を開始する人なら、午後6〜7時くらいに仕事を切り上げるのがベストです。

夜のルーティン

☑ 筋力アップは「メンタル」に効く

仕事のあと、私は週に何度かジムに通ってトレーニングを行うようにしています。

これはよく知られたことではありますが、アメリカのビジネスエリートたちの間では筋トレをすることが極めて一般的です。オフィスの近くにジムがあり、仕事の合間に汗を流す人も多くいます。マッキンゼーでも多くの人が筋トレに励んでいました。

私はいま現在、週に1～2日程度、パーソナルトレーナーの方に指導していただいています。本格的に鍛えている方にとっては1～2日は少ないかもしれませんが、何かの大会を目指しているわけではなく、仕事に必要な体力を得るためですから、このくらいで十分だと感じています。やりすぎはかえって免疫力の低下を招くこともあると聞いていますので、ほどほどが一番だと思います。

また、トレーニングといえば、身体を強くするイメージがありますが、私はメンタルも強くすると考えています。そのことに気づいたのは、知人のトレーナーから、「うつ傾向にある方の担当をした際、週に2回とか3回とか、トレーニングを重ねるうちに、症状がだんだんと回復していった」という話を聞いたからです。

オフィスワーカーというのは、極端に身体を使わなくなっているものです。会社と自宅との往復以外は、ほぼデスクに座ってパソコンを見ているわけですから、脳だけ異常に疲れてしまう。これは私の仮説ですが、その結果として、心身のバランスを崩してしまうのではないでしょうか。そうであるなら、筋力をつけることで、丈夫な身体だけでなく、強靭(きょうじん)なメンタル、折れない心を手に入れられると言えそうです。

ジムに通うのが難しい人は散歩も悪くないと思いますが、**歩くというより速足、あるいは小走りくらいで少し負荷をかけたほうが私はリフレッシュできます。**

また、トレーニングをしたあとは自然回復を待つだけでなく、たんぱく質などの栄養素もしっかりとるようにしてください。

ちなみに最近のジムにはサウナが併設されているところがありますが、私も最近、サウナにすっかりはまっています。いわゆる「整う」というもので、「サウナ10分、そのあと水風呂」を3セットこなした日は、普段よりもぐっすりと眠れます。

☑ 本業以外を持つ

私はコンサルティングや研修など複数の仕事を抱えているという話を何度かしましたが、その経験からぜひ、おすすめしたいことがあります。それは**「副業」**です。

「人は一つのことに長く集中できない」というのが、本書の一貫したメッセージです。ということは、「一つの仕事に専念する」ということもまた、集中という意味ではあまり有効ではないのではないでしょうか。

私自身、ある仕事をしてから別の仕事をして、また元の仕事に戻ると、集中力が復活していることを感じます。

同様にみなさんも本業と同時並行で、副業を考えてみてはいかがでしょうか。そして、仕事が終わった後、少しの時間でいいのでそれに充てるのです。

副業を解禁する企業が増えていますが、サイボウズではむしろ、積極的に副業を推奨しているそうです。その理由の一つは社員のキャリアの選択肢を広げるということですが、実はそれが本業の効率化にもつながっているそうです。サイボウズの代表、青野慶久社長は、2016年4月27日のnoteで次のように述べています。

生産性向上
普通の人間が同じことに集中できるのは1日に数時間だろう。同じ会社で同じ仕事を長時間続けてもらうのは効率が悪い。飽きないように複数の仕事を掛け持ちするのは生産性向上の観点からもポジティブだ

イノベーションの創造
イノベーションは新結合から創造される。異分野の知識が新しく結合されたとき

に、差別化されたユニークな製品やサービスが生まれる。副業はメンバーが自社では得られない異分野の知識を獲得することを促進し、イノベーション創造につながるだろう

個人の自立を促進

「明日から副業してください」と言われたら、戸惑う人も多いだろう。自分は誰のためにどんな価値を提供できるのか、リアルに市場と向き合うことになる。長年勤めてきた大企業をリストラされてからでは遅い。副業は個人のサバイバル力を高めるとともに、人とは違う自分自身の人生を考えるきっかけになるだろう

これもまた、副業の集中力ＵＰ効果を示している気がします。

そもそも、ずっと同じ会社でずっと同じ業務をすることは危険な時代になりつつあります。勤めている会社が生涯安泰だとは言い切れなくなってきました。ＡＩの発展で仕事がなくなる可能性もあります。いざというとき、スキルがないまま転職市場に飛び込

むことになるのは避けたいですよね。だからこそ、本業から離れて、副業やプロボノ（社会貢献のために活動するボランティア）を行うことで意図的に視野を広げていく必要があるのです。

その意味では本業とまったく違う仕事というより、何らかの関連がある仕事のほうがいいといえるでしょう。ある人は本業で培ったライティングの技術を用いて、地方団体のＨＰのコンテンツ作成の副業をしているそうです。研修講師として自分のスキルを有料で教えることができるサイトなども複数あります。

お金のためというより、キャリアのための副業という意識を持ったほうがいいでしょう。かつ、本業の集中力も高まるのだとしたら、副業をやらない手はありません。

残念ながら副業が禁止されている場合は、社外の勉強会やボランティア活動に参加するのもいいでしょう。何よりも**家と会社以外の「サードプレイス」を持つ**ことが重要なのです。

☑ 夕食は控えめに

体質にもよるとは思いますが、私が経験から導き出した結論は、**「昼はしっかり食べる、そして、夜は軽く」**です。

私が理想としているのは、アーユルヴェーダの、「食事の量は自分の両手の中に入るぐらいでちょうどいい」という教えです。ただ、さすがに毎食それだと寂しいですので、昼は好きなものを食べ、朝と夜は軽く、という生活を心掛けています。

特に昼、食べすぎた場合は、夜はおかゆと飲み物だけにするなど工夫するようにしています。また、チアシード（チアという植物の種子）や、五穀米（麦やひえなど）を野菜スープと一緒に食べることもよくあります。

また、体質によって向き不向きもありますが、当初、テニスのノバク・ジョコビッチ選手をはじめとして、世界の著名人たちが取り入れていることで注目を集めていた「グルテンフリー」や「ファスティング」もおすすめです。

やってみるとわかりますが、**夜の食事を軽くすると、翌朝の目覚めが違ってきます。**また、おなかがすくので自然と目覚められるというメリットもあります。

しかし、どうしても仕事が深夜にまで及んでしまって空腹を覚えることもあります。

私もかつて、そのような状況にあったのですが、その際に「何が夜食としてちょうどいいか」をあれこれ試してみました。その結論は「おむすび1個」。これくらいが仕事のパワーを回復しつつ、翌日に響かない夜食の量でした。

ただし、不足している栄養素は補うようにしてください。私は血液検査をした際に、たんぱく質が足りていないことが発覚して、それ以来、プロテインを摂取するようにしています。基本的な栄養素は「食事」を通して摂取したいと考えていたため、最初は抵抗があったのですが、やってみると目に見えて変化がありました。

中でも、以前はストレスがたまると甘いものが食べたくなり、結構な頻度でスイーツを食べていたのですが、不思議なことにあまり惹かれなくなっていったのです。おそらく、不足していた栄養素が摂取できたことで、スイーツをほしくなったのではと思っています。おかげで自然とスイーツの食べすぎをしなくなりました。

人によっては、ビタミンやミネラル、鉄分などが足りていないケースもあるはずです。一度検査をしてみるのもおすすめです。

☑ 一日を振り返る

そろそろ1日も終盤に差し掛かってきました。ここで、私の夜のルーティンをご紹介していきましょう。

まず、食事に関しては、遅くとも眠る2時間前までには済ませるようにしています。眠る直前に食べてしまうと、消化に悪く、代謝に悪影響を与えてしまうからです。

夕食のあと、**眠る1時間くらい前には歯磨きを済ましておきます。**これには理由があって、歯磨きをしたあとに、「ヘンプオイル」を利用するためです。ヘンプとは麻の実のことで、寝覚めをよくしたり、アンチエイジングにも効果があるといわれています。私は濃度38%のものを使っていて、舌下に5滴程度垂らしたあと、5分くらい飲み込まずにキープするようにしています。

また、眠る前には極力頭を使いたくないので、スマホやタブレットなども歯磨きしたあとは見ないようにしています。ベッドルームにはスマホを持ち込みません。

「眠る前に今日の振り返りをするとよい」「日記を書きましょう」ということがビジネス書などにも書かれていて、私もその効用は実感していますが、「眠る直前」に振り返ってしまうと、かえって心配事が浮かんできたりして、私はリラックスできません。ですから、**振り返りをするなら夕方か、遅くとも夕食後くらいの時間に済ませてしまうことをおすすめします。**

その際は、たとえば、「今日、ついていたこと、ラッキーだったこと」などポジティブな内容を3つくらい列挙するなどがよいでしょう。あまりネガティブなことを考えないようにしてください。ネガティブなことを考えたとたん、「考える」モードに入ってしまい、「あれもしなきゃ、これもしなきゃ」となって、最終的にはノートパソコンを開いて、メールの処理を始めてしまうなんてことになりかねないからです。

もちろん、私も仕事柄、夜に緊急案件が発生することはありますから、その場合はしっかりと対応しますが、そうでない限りは、一切仕事はしません。翌日すっきりした気分で取り組んだほうが、間違いなく集中して生産的な仕事ができることを経験から知っているからです。

歯磨きを終えた後は、ゆっくりとした時間を過ごします。

寝具については、オーガニックのコットンとウールといった天然素材のものを選ぶようにしています。掛け布団は軽さにこだわりたいので羽毛。枕については、快適に感じる角度や高さに個人差がありますから、お店で計測してもらうのが一番です。

ちなみに私は以前、ストレスフルな毎日を送っていたとき、常に横を向いて眠っていました。ただ、ルーティンを確立してからは、まっすぐ仰向けになって眠れるようになったのです。以前はまっすぐ眠るという発想すらなかったのですが、「なるほど。人ってストレスがないとまっすぐ眠れるんだ」ということに気づきました。

☑ そして、翌朝すっきり目覚める

この章では私の1日のスケジュールを追いかける形で、「集中」に必要なティップスをご紹介してきました。いかがでしたでしょうか？　ここでも重要なのは「集中しようとしない」こと。なるべく人間にとって自然な生活リズムを心掛けることで自然と集中力が高まってくる。それが重要です。

私はこの一連のルーティンをこなすようになってから、目覚めたあとのすっきり感が劇的に変わりました。朝、雑念や気持ちの悪さがない状態で目覚めることができるようになって、1日の生産性だけでなく、人生の質まで上昇したことを感じています。より具体的には、自分の人生にとって大切なことを優先的に行えるようになったと感じています。

本書冒頭でお伝えしたように、人生の目的は人それぞれですが、私たち全員に共通点があるとすれば、それは集中力を発揮して日々過ごしたほうが、よりよい人生を送れる確率が上がるということです。

第5章のまとめ

- ☑ 朝・昼・夜とそれぞれにルーティンを設け、仕事や突発的な事情でリズムが崩れても立て直しがしやすいようにする
- ☑ 朝イチにアポイントをとって、スイッチを入れざるを得なくする
- ☑ 仕事を15分、30分単位で細切れに進めていく。その際、都度違う仕事に変えてもよい
- ☑ 適度に運動をする。仕事に支障が出ない程度に一瞬全力で体を動かす、もしくは散歩などを行うとよい
- ☑ シーツ、かけ布団、枕など寝具にこだわる

装幀／小口翔平＋須貝美咲（tobufune）
本文デザイン／川添和香（ツー・スリー）
編集協力／池口祥司

大嶋祥誉
（おおしま・さちよ）

エグゼクティブコーチ／人材開発コンサルタント／TM瞑想教師／センジュヒューマンデザインワークス代表取締役。

上智大学卒業。米国デューク大学MBA取得。シカゴ大学大学院修了。マッキンゼー・アンド・カンパニー、ワトソンワイアットなどの外資系コンサルティング会社を経て独立。現在、経営者やビジネスリーダーを対象にエグゼクティブコーチング、ビジネススキル研修のほか、人材開発コンサルティングを行う。また、TM瞑想や生産性を上げる効果的な休息法なども指導。

著書『マッキンゼーで叩き込まれた 超速フレームワーク 仕事のスピードと質を上げる最強ツール』『AIを超えたひらめきを生む 問題解決1枚思考』（共に三笠書房）、『マッキンゼーで当たり前にやっている働き方デザイン』（日本能率協会マネジメントセンター）、『マッキンゼー流 入社1年目問題解決の教科書』（SBクリエイティブ）など多数。自分らしい働き方を探求する働き方デザイン塾『GIFT』主宰。

マッキンゼーで学んだ時間の使い方がうまい人の一瞬で集中する方法

2024年3月12日　第1版第1刷発行

著　者　大嶋 祥誉
発行者　永田 貴之
発行所　株式会社PHP研究所
東京本部　〒135-8137 江東区豊洲5-6-52
　ビジネス・教養出版部　TEL 03-3520-9619（編集）
　普及部　TEL 03-3520-9630（販売）
京都本部　〒601-8411 京都市南区西九条北ノ内町11
PHP INTERFACE　https://www.php.co.jp/

組　版　株式会社PHPエディターズ・グループ
印刷所　株式会社光邦
製本所　東京美術紙工協業組合

ISBN978-4-569-85662-9